"Destiny" Can Be Changed With A Small Step

「運命」は小さな一歩で変えられる

青戸 明美　赤間 ひとみ　浅野 秀代　新川 紗世　荒木 周子
五十嵐 愛　梅原 真理子　澳津 美菜　河出 美香　木内 清佳　佐藤 侑希
五反田 とも子　佃 麻由美　西之坊 恵美子　のだ 美智子　濱野 直子
藤原 由佳里　南 めぐみ　三吉 麻弥　森 智世

Rashisa

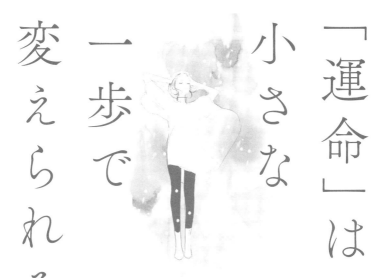

「運命」は小さな一歩で変えられる

今からでも、運命は変えることができる ―はじめに―

簡単に他人の生活を見ることができる時代。

スマホを手に取れば、相変わらず他人の輝かしい生活が目に入ります。

年々美しくなる画質から他人の生活を覗き見るたび、自分だけが世の中から取り残されているような気持ちになってしまうなんていう人も多いでしょう。

そして、こう思うことで心を落ち着かせます。

「これが私の運命なのだから仕方ない」と。

しかし、あなたの運命は決まっているのでしょうか。

答えは、「NO」です。

なぜなら、あなたの「運命」は、今この瞬間から変えることができるからです。

たしかに、過去を変えることはできません。

しかし、まだ見ぬ未来をつくるのは、今この瞬間のあなたです。

そのために、まず小さな一歩を踏み出すこと。

その行動が未来を変え、あなたの運命を変えるのです。


それは決して、「奇跡」ではありません。

その事実を、今から登場する20人の起業家が証明してくれます。


本書には、彼女達のストーリーが赤裸々に綴られています。

生い立ちはさまざまですが、決して全員が恵まれた環境だったわけではありませんし、最初から知識やスキルが豊富だったわけでもありません。

辛い経験や幾度の困難が押し寄せ、諦めそうになったこともありました。

それでも彼女達は今、自分の思い描いた人生を歩んでいます。

そんな彼女達に共通するのは、小さな一歩を積み重ねてきたこと。どんな状況に置かれても諦めず、少しずつ前に進んできたことで、人生を切り拓くことができました。

・現在の生活に悩みや不安を抱えている方
・新しいことを始めたいと思っている方
・挑戦したいことがあるけど勇気が出ない方
・いつか起業をしたいと思っている方

本書は、そんなあなたに贈ります。

本書を読めば、どんな境遇にあっても運命を変えることはできると、勇気をもらえることでしょう。そして、彼女達がどんな一歩を積み重ねてきたかを知れば、あなたもきっと変われるはずです。

誰もが運命を変える力が備わっています。

次に運命を変えるのは、この本を手に取ってくださった「あなた」です。

さあ、あなたの夢を思い描きながら、今から小さな一歩のヒントを受け取りにいきましょう。

Rashisa（ラシサ）出版編集部

Contents

「運命」は小さな一歩で変えられる

一度は断念したパティシエになる夢。
やりたいことを貫き
洋菓子店をオープンさせた
シングルマザーの軌跡

株式会社Bleu porte 代表取締役
菓子製造販売／洋菓子店2店舗経営

青戸 明美

「やりたいことは全部やる！」
をモットーに
３つの事業を展開。
夢を実現し続ける
敏腕経営者の思考とは

株式会社セシル 代表取締役
居酒屋・バー、メンズビューティーサロンの３店舗経営

赤間 ひとみ

女性が使いやすい
家づくりを目指し
建築業界へ。
お客様から長く愛される
建築女子の経営マインド

らいふでざいん室・秀 代表
建築設計デザイン

浅野 秀代

公立学校英語教師から経営者へ。多くの人が未来を創造できる世の中になることを願う女性社長の想い

Re-Career株式会社 代表取締役
元公立中学校英語科教員／教員向けライフコーチ
新川 紗世

専業主婦からシングルマザー、そして起業！ ３つの事業経営を通し考える課題の乗り越え方と仕事と育児の両立

株式会社ウッドランドパス 代表取締役
介護福祉事業
荒木 周子

諦められなかった夢。
父の死を乗り越え
リラクゼーションサロンをオープン。
家族の絆を紡ぐ経営ヒストリー

ほぐし屋カモミール 代表
リラクゼーション業

五十嵐 愛

パート面接不採用から
美容サロン開業！
自信喪失状態の専業主婦が
経営者に転身し手に入れた
新しい人生観

株式会社SAKURA beauty 代表取締役
シミケア専門店経営／講師

梅原 真理子

始まりは一冊の「夢ノート」。
人々の日常に彩りを与える
カフェ経営ができるまでの物語

株式会社KOFS 代表取締役
カフェ4店舗経営

澳津 美菜

資金ゼロ、知識ゼロから起業。
音楽療法を通し
子ども達と家族が満たされる
居場所づくりを目指す
経営者の物語

株式会社みーおん 代表取締役
障害児通所施設運営（重症心身障害児）

河出 美香

東京から沖縄へ。
海と共に子ども達を育む
保育園オーナーが、
逆境を乗り越え
本当の強さを見つけたストーリー

株式会社Laule’a Ocean 代表取締役
保育施設運営

木内 清佳

父子家庭、施設育ちから
ラウンジ経営者に
登りつめるまでの軌跡。
夢を叶えるために
大切にしてきた想い

株式会社YUKICHI.CO 代表取締役
ラウンジ経営

佐藤 侑希

前夫の浮気と浪費、
離婚を乗り越え起業した
シングルマザー社長の軌跡。
困難を「感謝」に変える考え方

株式会社With You 代表取締役
障害者就業支援事業

五反田 とも子

「好き」を仕事に。
手作り石鹸を通して
人にも環境にも優しい世界になることを願う
女性社長の熱き想い

ツクツクハンドメイドソープ株式会社 代表取締役
化粧品製造業／製造販売業

佃 麻由美

20歳、知識・経験ゼロから
介護事業をスタート！
若き経営者が20年以上
事業を継続させてきた秘訣とは

有限会社ホームヘルプサービスみらい 代表
介護事業／企業主導型保育園／飲食業

西之坊 恵美子

自信のなかった過去から
子ども達に笑顔を届ける
チアスクール経営者に！
大きな怪我と父の死から考える人生観

株式会社クリーオ 代表取締役
スクール業／エステ業

のだ 美智子

仕事第一の研究者が
出産を経て変化した大切なもの。
葛藤を乗り越え
理科実験教室を開業するまでのストーリー

株式会社ハマリカラボ 代表取締役
理科実験教室経営
濱野 直子

エアロビクスに出会い
輝き始めた人生！
諦めずに行動し続けた
ヨガスタジオ経営者が見つけた
成功法則

株式会社Purana 代表取締役
ヨガインストラクター／ヨガスタジオ経営
藤原 由佳里

ダンサーを目指す元フリーター女子が
不動産会社の経営者に！
試練が訪れた時に
大切にしている考え方

株式会社八王子ひなた不動産 代表取締役
不動産業

南 めぐみ

10代で警備業界へ！
知識なしで
社会経験ゼロのまま勢いだけで
未知の領域に挑んだ女性社長が
大切にしている考え方

株式会社SCC 代表取締役
警備業

三吉 麻弥

国際ビジネスのプロフェッショナルが
食と栄養の世界で新たな挑戦！
目標設定が苦手でも
夢を実現させる秘訣

ソフィアウッズ・インスティテュート 代表
公認統合食養ヘルスコーチ（CINHC）、公認国際ヘルスコーチ（CIHC）
森 智世

一度は断念した
パティシエになる夢。
やりたいことを貫き
洋菓子店をオープンさせた
シングルマザーの軌跡

株式会社Bleu porte 代表取締役
菓子製造販売／洋菓子店2店舗経営

青戸 明美

1988年、福島県鮫川村出身。日本調理技術専門学校製菓衛生師科卒業後、都内の洋菓子店に就職。結婚し2人の男の子を出産。離婚をきっかけに起業し、2店舗を経営中。フランス菓子をはじめ、地元・福島県の食材やフルーツ、エディブルフラワーを使った洋菓子を手がける。菓子店「レーヴ」はプリン、「ジュレアリーズ」はカラフルなオーダーケーキが人気。現在は若手育成にも取り組んでいる。趣味は食べ歩きやゴルフなど。

1日の
スケジュール

4:45　起床・通勤（1時間半）

6:30　「ジュレアリーズ」にて作業開始

11:00　昼食、「レーヴ」へ移動

13:00　「レーヴ」に到着

18:00　打ち合わせ

19:00　夕食

20:00　作業場片付け

21:00　事務作業

21:30　帰宅。子ども達と団らん

22:30　お風呂

23:30　就寝

青戸　明美

諦められなかったパティシエになる夢

幼少期からお菓子を食べることと、作ることが好きでした。高校生のある日、「クープデュモンド世界大会2007」というパティシエの大会の様子がテレビで放映されているのを目にします。キラキラとした彩り豊かなスイーツ、そして、それを器用に作り上げるパティシエの姿に目を奪われました。

これがパティシエの仕事との出会いです。そこからお菓子の世界の虜になるまで時間はかかりませんでした。お客様を目で見て楽しませ、食べて笑顔することができるパティシエに、強いあこがれを抱くようになったのです。

それまでは勉強が嫌いで、学校ではスポーツばかりの生活。進路も決まっていない状態だったのですが、パティシエになるために製菓の専門学校に進学しようと決めました。「せっかくなら一流のパティシエになろう」と、製菓店の数が多い東京の学校に行きたいと考えたのですが、両親はそれに反対。それでもパティシエになることは諦めきれず、再度、県内の製菓専門学校に入学させてもらえるように両親を説得しました。すると、両親に熱意が伝わったのか、進学の了承を得られ、晴れて「日本調理技術専門学校」に通うことになったのです。

ちょうど「製菓衛生師科」が創設されたばかりで、私達の年代は2期生。まだ新しくきれいな校舎や機材に、期待を膨らませながら学生生活がスタートしました。クラスの学生は30人程度で少人数のクラスだったこともあり、先生からのフォローも手厚く、細かいところまでしっかり学ぶことができました。何よりもお菓子の魅力を熱心に教えてくださり、先生にはとても感謝しています。大好きなお菓子の勉強はまったく苦にならず、実習も座学も、とにかく楽しかったのを覚えています。周囲に負けないよう、誰よりも努力したつもりです。

その努力が実り、製菓衛生師養成施設技術コンクールでは、全国大会という大舞台で賞をいただき、卒業作品展でも最優秀賞。また、卒業式では卒業生代表として答辞を読むなど、大変貴重な経験をさせていただき、素晴らしい学生生活を送ることができました。卒業後も、東京の人気洋菓子店に就職が決まり、やる気と期待に満ち溢れていました。同級生や先生、両親はどんなに期待していたことでしょう。

しかし、思わぬ出来事が起こります。就職したばかりの春、体調を崩し病院を受診したところ、妊娠がわかったのです。妊娠はとても喜ばしいことですが、パティシエとしてこれから……という時期でもあったので、複雑な気持ちがあったのも本音です。

私は、母親になることを選びました。家族や先生達も「おめでとう」と言ってくれましたが、きっと心の中ではがっかりしていたでしょう。それでも温かい目で見守ってくれ、本当に感謝しています。当時は若さもあり、「がっかり」という気持ちの方が大きかったかもしれません。しかし、10年が過ぎ、今改めて振り返ってみると、この選択は正しかったと断言できます。可愛い2人の子どもに恵まれ、母として幸せな日々を過ごしました。

そんななかで心の奥で引っかかるのは、やはりパティシエのこと。結婚と出産により、パティシエとして出遅れたことは、私にとっては「絶望」としか思えませんでした。

そんな思いもあり、家ではお菓子作りを欠かさず、専門書を読み漁りました。絶望を感じながらも、諦めたくない気持ちがあったのだと思います。

子どもが少し大きくなると、自宅から近い職場で働くようになりました。そのなかで、専門学校時代の同級生や恩師の活躍が耳に入るたび、パティシエへの思いがどんどん強くなっていきました。そして、家族や恩師に何度も相談し、もう一度再起しようと決意。25歳の時に、アルバイトでパティシエとして働けることになったのです。

通勤は片道1時間半。決して楽な通勤距離ではありませんでしたが、オープニングスタッフとして働けること、ケーキを作れることが何よりもうれしかったのを覚えています。こうして、まわりの人達からのサポートを受けながら、学びなおしながら、新たな再スタートを切ることができたのです。

ところが、私生活で再び大きな出来事が起こります。性格の不一致による夫との離婚です。「離婚」というと、多くの人は今後の人生に不安を抱えることでしょう。しかし、私はここを「チャンス」だと切り替えました。パティシエの修行中は長時間労働、しかも低賃金だったため、シングルマザーとして仕事と家庭を両立するには限界がありました。そこで浮かんだのが、学生時代の夢だった「30歳までに自分のお店を開くこと」でした。両親や子ども達の同意をもらい、起業を決意したのです。

念願のお店「レーヴ」（鮫川村）オープン

「お店を開く」と、一度口に出したのだから後に引くことはできません。自分の作るケーキに自信なんてありませんでしたが、それでも「できる」と言い聞かせ、がむしゃらに試作、試食を繰り返しました。

店舗の下見や内装業者との打ち合わせをしながら、ケーキの試作をするのは大変でしたが、あと少しで夢が実現されようとしているのです。疲れよりも、むしろわくわくした気持ちの方が大きかったと思います。

お店をオープンするまではさまざまな問題や葛藤がありましたが、恩師が相談に乗ってくれたこともあり、気付けば、あっという間にオープン日を迎えていました。

お店の名前は「レーヴ」。フランス語で「夢」という意味です。自分が諦めさえしなければ、夢は叶えることができるのです。

お店をオープンしたのは、地元・福島県東白川郡鮫川村。山間部にあり、人口は約3000人の小さな村でした。駅や交通量の多い大きな道路もなく、何かのついでに立ち寄るような場所でもありません。福島県民でも「鮫川村」を知らない人の方が多いのではないでしょうか。たしかに「どこにあるの?」と質問されるほど小さな村で、お店を経営するにはあまりにも不利な場所です。当然、周囲からも猛反対されました。

しかし、私にとっては「最高」の場所でした。なぜなら、子育ての環境も良く、両親も近くにいたからです。そして、自分が生まれ育った村に多くの人が訪れてほしいと思い、オープンすることを決めました。

お店のコンセプトは、「生産者とお客様との距離が近いケーキ屋」です。

知らない方もいるかもしれませんが、福島県はフルーツ王国で、桃にいたっては、山梨県に次ぐ生産量全国2位の特産品です。オープンにあたっていくつかの農家さんを紹介してもらい、直接足を運んで、農作物に対する思いや作り方などをうかがいました。食材やフルーツに対する農家さんの思いはとても心に響き、これをお客様にも伝えたいと考えました。

また、村内では希少なジャージー牛を育てている同年代の方もおり、牛乳を使わせてもらえないかお願いしてみたところ、快く了承してくださいました。牛乳やフルーツは、どの農家さんも高品質なものを提供してくだり、本当に素敵な人達とつながることができたと思っています。

「鮫川村にケーキ屋ができた」

お店の情報は一気に広まり、オープン当日から数日間は、開店後30分で売り切れてしまうほど大盛況でした。ほとんど寝ずにケーキを作り続けた数日間。疲れよりも、多くのお客様に喜んでいただいたうれしさで、オープンまで感じていた不安が吹き飛び、心から安心したのを覚えています。家に帰ると、子ども達にも自慢していました。


それからは、「小さな村にあるおしゃれなケーキ屋さん」というめずらしさからか、テレビで紹介されることが増え、東京のテレビ局の方も取材に来てくれるようになりました。ジャージー牛の農家さんと一緒に取り上げていただくことも増え、口下手な私は、話し上手な農家さんにいつも救われていました。

テレビの影響は大きく、鮫川村を知らなかった多くの方が来店されるようになったと思います。

また、地域の皆さんがお土産として当店のプリンをお勧めしてくださり、温かい応援のなかで、順調に経営を続けることができました。


小さな村でお店をオープンすると決めたものの、立地面で多少の不安や葛藤があったのも事実です。しかし、お客様やお店に携わる多くの方のおかげで、今があります。日々チャレンジを続けていれば、どんな場所であっても成長していけるのです。
そのためには、人とのつながりが何よりも重要です。一見無理だと思えることでも、人とのつながりを大切に、やりたいことに対してまっすぐ突き進めば、どんな困難があっても乗り越えていけるはずです。

福島県東白川郡鮫川村。
春は満開の桜が美しく、秋には山々が紅葉に染まります。夜空を見上げると、手が届きそうなほど星が近くに見えます。このような素晴らしい場所に生まれ、成長できたことは大きな誇りです。これからもこの場所を起点にチャレンジをしていこうと思っています。

青戸　明美

「ジュレアリーズ」（郡山市）オープン

1店舗目が軌道に乗ったことで、新たなチャレンジとして、2店舗目の出店を決めました。場所は、福島県郡山市。人口も多く、さまざまな洋菓子店が集う、県内でも有数の激戦区です。新店舗に激戦区を選んだのは、それまで、郡山市にある百貨店やイベントなどにも出店しており手応えを感じたのと、より多くの人に私が作るケーキを食べてもらいたいと考えたためです。何より、自分自身が勝負をしたかったというのもあります。

郡山市にお店を出すにあたり、まずは人材の確保が必要でした。

これまでの製菓業界は、「長時間労働、低賃金」が当たり前。そのため、せっかく夢を持って製菓業界に入ったのに、労働環境が原因でリタイヤしてしまう若手が非常に多いのです。お客様の表情がパッと明るくなるようなケーキを作り、幸せな時間を提供するはずのパティシエ本人の幸福度はどうなのだろうかと、日頃から疑問を抱いていました。

特に女性は、結婚・出産などのライフイベントに働き方を左右されることが多いでしょう。それは、どんな職業であっても働く女性が抱える悩みの一つです。パティシエも同様で、仕事を続けたい気持ちはあっても、パティシエとしての再チャレンジは極端にむずかしくなります。このような問題を、何とか解決したいと考えたのです。そこで、パティシエの若手育成や労働環境の改善にも力を入れることにしました。

2号店をオープンしたのは、ちょうどコロナ禍だったのですが、不安を感じながらも認めてくださる方もいて、少しずつお客様が増えていきました。

しかし、労働環境の改善は、思ったよりも簡単ではありませんでした。

最初に行ったのが、従業員の技術を向上するための、就業時間外の練習許可です。従業員に、お店の物品も自由に使って練習をしても良いと声をかけました。もし、自分が修行中の立場だったら、喜んで毎日練習すると考えたからです。

ところが、なんと練習する従業員が誰ひとりいなかったのです。

強制的に「練習をしていきなさい」と言えば、それは「労働時間」になってしまいます。もちろん、練習の強制をしたことはありません。労働時間や低賃金の問題ばかりに目を向けていたため、従業員個人のやる気や人間性にまで目が行き届いていませんでした。

しかし、専門職・パティシエとして必要な技術やスピード、向上心を身につけるには、日々の練習が必要不可欠です。そうでないと職人としての価値が低くなってしまいます。

商品としてケーキを販売している以上、お客様から見たら全員が「お菓子作りのプロ」

です。店頭に並べられるレベルのショートケーキを、最低限作れるスキルが必要なのです。「もし他店に転職しても、通用するパティシエになろう」と、どう伝えていくかが、大きな課題でした。

パティシエとして、職人として、経営者として、葛藤は続きます。「パティシエ」という職業を特別なものにし、そのなかでどう環境改善をしていくか。私のように再チャレンジしたい人の力になりたいと思っているのですが、未熟な部分もあり、先輩方のようにはいかないこともあります。

ですが、誰よりもこの仕事に対する思いは強いと自負しています。そのおかげで、集まってきた仲間達により、徐々に職場のバランスや従業員の勤務態度が改善されつつあります。大切な出会いや出来事は、思いを強く持って行動していれば、必要なタイミングで訪れるのだと実感しました。

コロナ渦やウクライナ戦争をはじめとした社会情勢の変化により、営業方法や原材料費の高騰など、問題は尽きません。しかし、この逆境をバネに、働いてくれている従業員と共に、私自身も成長していかなければならないと思っています。

どんな状況でもチャレンジを続けること

どんな状況になっても夢を諦めず、新たな目標に向かいチャレンジする。

起業してからは常に考え悩み、時には諦めそうになることもあります。ですが、目標に向かいチャレンジし続けることが夢の実現と日々の活力につながると思います。この本を執筆するのも、「新しいことへのチャレンジ」といえるかもしれません。

1店舗の店名である「Reve（レーヴ）は、フランス語で「夢」、2店舗目「Jerealisemonreve（ジュレアリーズ モン レーヴ）」は、「夢を実現する」という意味があります。

本を読んでくださっている人のなかには、さまざまな事情で夢を諦めてしまったり、夢を持てなかったりする方もいると思います。

しかし、夢は自分自身のなかで想像し、思い描けるものです。夢を持つことは、じつはとても簡単なものなのだと思っています。夢を叶えるためには、「自分がどう動くのか、どうするのか」が重要なのです。

もし、あなたが今の自分を変えたいと考えているのであれば、まず、自分の夢や目標を思い描き、まずは一歩、動き出してほしいと思います。

少しでも興味のあるジャンルがあれば、ネットや本を眺めるだけでもいいですし、いつもと違う場所で夢をイメージしてみるなど、小さな行動でいいのです。そうすれば、自分の人生を変えるきっかけを作ることができるのではないでしょうか。


高校時代の私がそうだったように、パティシエは、お客様を喜ばせることができるとてもやりがいのある仕事です。だからこそ、夢を持つ若手や、理由がありリタイヤしてしまったパティシエ達の力になりたいと考えています。

もし、私と夢を叶えたい人がいたら、お気軽にご相談ください。同じ思いを持っている人の目標になれるよう、パティシエとして、経営者として常に努力を続け、日々向上心を持って、仲間とともに製菓業界を盛り上げていけたらと思っています。

あなたへの
メッセージ

私の運命を変えたのは、
専門学校時代に
恩師と言える先生に出会ったこと。
夢を諦めず、
自分や家族を信じ踏み出す勇気。
自分のやりたいことは、
諦めずチャレンジしてみよう。

青戸 明美さんへの
お問合わせはコチラ

「やりたいことは全部やる！」をモットーに3つの事業を展開。夢を実現し続ける敏腕経営者の思考とは

株式会社セシル　代表取締役
居酒屋・バー、
メンズビューティーサロンの３店舗経営

赤間 ひとみ

1983年生まれ。岩手県盛岡市在住。株式会社セシル代表取締役。飲食店（居酒屋、バー）とメンズビューティーサロンの3店舗を経営。高校生の頃からバーテンダーを志し、仙台市と東京都町田市で修行。23歳の時、バーの店長となり数年後に独立する。飲食店２店舗に加え時代の変化に合わせエステサロンを開業。従業員の多くが女性スタッフ。日々、出産・子育てに忙しい女性でも、イキイキと輝き続けられる会社を目指している。

1日の
スケジュール

6:30 起床、朝食

7:30 家事

10:30 買い物

11:30 仮眠

14:30 夕食支度

16:00 サロン出勤

19:00 バー出勤

25:00 閉店

26:00 就寝

カクテルとの出会いと自分のお店を持つまで

「これ、趣味で終わらせていいの？」

バーテンダーの真似ごとをし、自宅でカクテルを振る舞っている時、友人がこう言いました。このひと言がなければ、お酒を飲むことも作ることもしていなかったと思います。私と飲食の仕事を繋いだ最初の言葉です。

カクテルに興味を抱いたきっかけは、高校生の時に本屋さんで目にしたカクテルのレシピ本です。色鮮やかなカクテルが映るページを眺めながら「なんてきれいな色の飲み物なのだろう。大人になったら飲んでみたい」と思ったのです。

高校卒業後は専門学校へ入学。学校の目の前にイタリアンバーがあり、そこでアルバイトを始めました。カクテルはもちろん、料理やワインの知識を少しずつ習得することができました。そのなかで、「料理はもっとこうしたら美味しくなるのではないか」「ここをもっと工夫したらお客様がたくさん来てくれるのではないか」と、より良いお店づくりのビジョンを巡らせるようになっていきました。そして、次第に「いつか地元の盛岡市でバーを開きたい」という目標が明確になっていったのです。

それからは、ノートにまだ見ぬ店の名前や営業時間、コンセプトや予想売上、メニューを綴りました。そのノートは今も残してあるのですが、見返してみると経営という視点はありません。自分の願望のままに書いたので、非現実的な数字が並んでおり、とても恥ずかしい内容です。ただ、ノートにこのような大きな目標を掲げたことと、「自分ならやれる」という自信がなければ、今ある自分のお店は存在していなかっただろうと断言できます。ノートに自分の夢や願望、思い描く未来を書き出すことは、夢の実現や課題解決に繋がるきっかけをつくることができます。未知のウイルスによって飲食店が大打撃を受け辛い状況だった時も、このノートに助けられました。

専門学校も卒業間近となった頃、本格的にカクテルを勉強するためにホテルのバーテンダーとして就職試験を受けました。しかし、結果は不採用。それでも、「かならず地元・盛岡市で自分のお店を持つ」という目標は変わりませんでした。そこで、繁華街のある東京と仙台で修行をしようと、期限を決め地元を離れる決意をしたのです。

2年間、東京と仙台でお店を経営するためのノウハウを学びます。そして、再び地元に戻り、バーで働くために求人誌を開きました。

地元では飲食店の求人は比較的多く見かけるのですが、「バーの求人」となると、なかなか目にする機会がなく、見つけるのはむずかしいと思っていました。なかば諦めの気持ちで求人誌を眺めたところ、なんと、新規にオープンするガールズバーの求人が掲載されていたのです。「ガールズバー」がどんなお店なのかもわからない状態でしたが、「とりあえずやってみよう！」という勢いで応募したところ、無事に採用。さらに、23歳で初代店長を任されることになりました。

ガールズバーは、女性スタッフのみでお客様の隣に座り接客をするものではありませんが、一緒にお酒を飲み、お話をしながらお酒を作り提供するというジャンルの飲食店です。今でこそ、全国に多数存在するガールズバーですが、当時の盛岡市には一店舗もありませんでした。そのためか、店長を任されたガールズバーでは、私以外のスタッフ全員がカクテル作り未経験。そこで、スタッフ達に修行で得た知識と技術を徹底的にレクチャーすることになりました。全員が美味しいお酒を作れる、正統派ガールズバーを目指すことにしたのです。

スタッフは全員年下でしたが、努力ができる素直な子ばかりで、人間関係での苦労が一切ありませんでした。仲が良く、お客様からは「みんな、ひとみボスに似てくるねえ」と言われるほど、まるでスタッフ全員が同じ方向を向きオールを漕いでいるようなお店になっていったのです。自慢のスタッフに恵まれ、本当に感謝しています。自分の想いが伝わると、年齢関係なく多くの人がついて来てくれるのだと学びました。

それから4年後、結婚を期に退社をし、夜の仕事から昼間の生活に戻りました。妊娠により悪阻がひどかったため、パートに出ることもできず、毎日の会話も限られた人としかしなくなりました。そのため、ある日たまたま訪れた携帯ショップの店員さんを見て、「いいなあ。接客ができて……」とうらやましく思ったこともあります。仲が良かったお客様から「今、飲んでるよ！」などと連絡があると、「私も早く戻りたい！」と思っていました。好きな仕事がしたいのにできない状況。結婚・妊娠は幸せなことでもありましたが、これまでお客様やスタッフに囲まれて過ごしてきた私にとっては、辛さを感じることもありました。

そんなこともあり、長男を出産した約半年後にはマネージャーとして職場復帰をしました。産後のダイエットにより体重も10キロ減り、心身ともに生まれ変わったような心境での再スタート。お客様とスタッフも、温かく「おかえり」と迎えてくれ、「働くって楽しい！」と、働くことのありがたさを実感することができました。

そして数年後、オーナーから店舗を買取ることになり、念願の「自分の城を築く」という夢が叶ったのです。

居酒屋経営・従業員とのかかわりの大切さ

ガールズバーの経営も順調。そろそろ次のステップへ進もうかと考えていたところ、バーの目の前のビル1階にあったお店が閉店し、新たなテナントを募集していました。もともと多店舗展開をしたいと思っていたので、これはチャンスだと思い、すぐに契約。豚の串焼きがメインの居酒屋をオープンすることになりました。飲食業を何年もやって来ましたが、これまでお酒しか作ってこなかったため、この時は初めての居酒屋経営が楽しみで仕方なかったのを覚えています。

居酒屋のオープンにあたっては、男性の店長とスタッフを雇用することになりました。これまでガールズバーを経営していたため、何年も男性社員と働いたことがありません。若干の不安もありましたが、ここでも「絶対にうまくいく!」という思いでスタートを切りました。

ですが、問題なく営業できていると思っていたのは、私だけだったのです。

ある日、スタッフ同士の意見の違いから呼び出され、当事者が集まり話し合いすることになりました。何がどうなっているのかわからずに部屋に入ると、とても険悪な空気が流れています。「言った」「言っていない」の揉めごとでした。

今までスタッフ同士のトラブルを経験したことがなかったため、どうしたら良いかわからず、完全にお手上げ状態でした。どう解決策を提案したら良いか、その場で判断することができず、結局何も解決できないまま一人のスタッフがお店を辞めてしまいました。

さらに、オープンから1年も経たないうちに店長と副店長がぶつかり合い、話し合いの場を設けたのですが、店長もお店を去ってしまったのです。スタッフそれぞれが、プライドと責任を持って仕事していることは十分に理解しているつもりでした。ですが、日々の小さな変化に気づかず、スタッフからのSOSを見逃していたのです。

その後、新店長とスタッフが入ってくれましたが、私は居酒屋には立たず、ガールズバーの方に出勤していました。

ガールズバーは週末になると満席で、安定した売り上げをキープ。2007年のオープンから長く通ってくださるお客様も多くいます。リーズナブルな金額で提供される美味しいお酒と手作りのフードがあり、明るくて面白いスタッフが揃っています。自信を持っておすすめできるバーでした。居酒屋の売り上げが悪くても「ガールズバーで頑張ればいいや」と深く考えずにいたのです。

そんな考えだったこともあり、当然のように居酒屋の売り上げはどんどん落ちていきました。ある日、売り上げが伸びない件について店長に話に行くと、「スタッフと相性が良くない」「もっと人手が欲しい」など、封を切ったように不満を吐き出されました。私も、彼に対して言いたいことがあり、お互いに山のような不満が溜まっている状態だったのです。

店長は辞めずに毎回出勤してくれ、まかないを作って持って来てくれるなど優しい一面もある方です。話し合いの結果、「もっと歩み寄っていこう」と決めました。

ところが、店長と和解したと思っていた後日、労働基準監督署から一通の封筒が届きます。なんと、店長が労働時間について、私を訴えたのです。

むずかしい文章が綴られた手紙を見て、パニックになりました。「必要なものを持って○月○日に来なさい」のような文言だけは覚えています。そして、昨日まで普通に会話をしていたスタッフに訴えられたショックで、居酒屋に一切顔を出せなくなりました。

その後、ストレスで毎日激しい頭痛にも襲われました。何をしていても気が気でなく、誰にも相談できずに下を向く日々。「もしかしたら気が晴れるかも」と向かった大好きな温泉でも、湯舟に入ると頭痛が更にひどくなり、絶景の露天風呂で子どものようにわんわん泣きました。こんな素敵な温泉なのに楽しむこともできず、「何をしに来たのだろう」と、帰り道はいっそう落ち込んで帰ったのを覚えています。

後日、監督署へ出向き、先輩社長や飲食店の仲間、税理士さんからのサポートのおかげで解決へと至りましたが、間もなくその店長も辞めていきました。

リーダーが不在で、未経験スタッフだけでの居酒屋営業。サービスの質は悪くなり、売上も落ちる一方です。お客様からのクレームと静かな店内。自分のお店が最悪な状況にもかかわらず、私がしていたのは、毎日お店の前を素通りし、居酒屋スタッフと会わないようにすることだけでした。

そして、とうとう事件が起きました。スタッフがレジの売上金を持っていなくなってしまったのです。「一時的にお金が必要になり、店から借りた」と後日、本人から連絡がありましたが、結局お金は戻らず連絡が途絶えてしまいました。さらにそのスタッフは、自分の知り合いがお店に来た際に飲食代をもらっていなかったなど、違反を繰り返していたことが判明したのです。

たくさんの方の応援があり、お祝いのお花で埋め尽くされた居酒屋のオープンから3年。スタッフとお客様の笑顔で活気に満ち溢れた店内も、熱い情熱を抱えた私も、もうどこにもいませんでした。当時は、相手に対しての怒りや悲しみではなく、「ほらね、こうなるでしょ」という、自分への冷たい感情が湧き起こるだけでした。

この経験から、経営においてトラブルがあった時、問題から目をそらさずに解決策を見出すことの大切さを学んだのです。

困難があっても諦めずに突き進む

居酒屋の経営がうまくいかないことで、ガールズバーのお客様からも「どうしたの？元気がないね」と心配されるほど落ち込んでいました。勢いづけに飲むお酒で潰れ、落ち込み、そしてまた出勤するという生活を繰り返す日々でした。

このままではガールズバーの経営にも影響しかねない。どうしたらこの状況から抜け出せるのかをここでようやく考え始めました。

「任せられる人がいないのなら自分でやるしかない。私自身が居酒屋へ立とう」

とてもシンプルな決断でした。リニューアルオープンにあたりスタッフも総入れ替えし、元気で明るい女性スタッフのみでの再スタートを切ることにしたのです。

とはいえ、居酒屋の仕事は未経験です。串焼き一つでも肉の部位と焼き方、塩かタレかを覚えるのにとても時間がかかりました。スタッフに「いい加減覚えてくださいよ」と言われた時は、本当に悔しかったです。

それでも、「自分が居酒屋に立ったらお客様の反応はどうなのだろう」「売り上げはどう変化するのだろう」と多少の楽しみもありました。

そして、リニューアルオープン当日は、バーの常連様が全員来店してくれ終始満席。スタッフも、忙しくしながらもしっかりお客様と会話をし、とても賑やかで楽しい一日となりました。「居酒屋ってこんな楽しかったのか！」と実感し、出勤するのが楽しみの一つとなったのです。

それからは、平日・週末関係なく多くのお客様でにぎわう店内に生まれ変わり、スタッフもみるみる成長していきました。アルバイト未経験で入ってきた大学生スタッフが、「初めてのアルバイトがこのお店で良かったです」と言ってくれた時は涙が止まりませんでした。危機的状況だった居酒屋経営から一転、「スタッフが楽しいと、お客様も楽しい」という法則を目の前で感じることができるお店になったのです。

そんな絶好調の日々を過ごすなか、再び思いもよらない問題が起こりました。世界中を恐怖に陥れ、人々の自由と楽しみを奪った新型コロナウイルスです。

当初は「かかったらまずい」くらいの軽い気持ちでしたが、芸能人の死が連日速報で流れた時、「このウイルスは命を奪うのだ」と恐怖を感じるようになりました。全国で最後まで感染者ゼロだった岩手県で、初めての感染者が出たと報道されたその夜、街から人が消えました。首都圏で発令された飲食店の営業時間短縮要請が、盛岡市でも発令されてしまったのです。要請に従えばいくらかの補助金は出ますが、スタッフの生活を守るには十分な金額ではありません。ほとんどのスタッフが一人暮らしですが、シングルマザーのスタッフもいます。ウイルスが蔓延しているなかで働かせるのは危険ですが、休業したら生活の保証もできない状況となり、どうしたら良いのかとても悩みました。

すると、一人のスタッフが「ひとみさん、やりましょう」と、営業を続けることを提案し、私の背中を押してくれました。そして、スタッフ全員の承諾をもらい営業を続ける選択をしたのです。

ほとんどのお店が休業するなか、暗い道を照らす一軒の居酒屋は、なんと満席。常連のお客様で連日いっぱいになり、何組もお断りする状況でした。できる感染対策は行い、誰一人感染することなく営業できたことに、感謝の気持ちでいっぱいです。

その後、14年続けてきたガールズバーを改装し、ずっと始めてみたかったプロレス酒場に業務を転換しました。岩手県にまだプロレスバーがなかったことと、何より私自身が、プロレス観戦が大好きだったという理由からです。今ではプロレス好きはもちろん、そうでない人も皆一緒に楽しめるお店となっています。

自分の情熱の傾くものにはとことん向かっていく。思い切って突き進むことで新たな道が開けることもあるのです。

夢は口に出すと叶う

コロナ禍での経験を通して、飲食店の経営だけではリスクがあることを学びました。そこで、「コロナ禍でもお客様が集まっている事業はなんだろう」と調査。美容系の事業が強いことに辿り着きました。ちょうどこの頃、まったく興味のなかった美容に目覚めたこともあり、美容について徹底的に勉強しました。

こうなればもうあっという間です。東京でエステを経営している親友に相談をすると、人材の確保も内装工事もすべてスムーズにいきました。そして、決断から3ヶ月後にはエステサロンをオープンすることができたのです。

バーを開きたい・居酒屋で美味しい串焼きが食べたいという思いや、プロレスを見ながら皆でお酒を飲みたいという願い。そして、エステサロンを開こうという決意。これらは、思いついたらすぐ誰かに伝え続けてきました。根拠もお金もなくても、口に出してきたことですべて実現できています。

口に出したらもう後には引けません。あとはチャレンジするだけ。うまくいかなかったら、やめればいいのです。人生、同じ時間を過ごすのなら、辛いよりは楽しい方がいいし、豊かになれます。やりたいことはまず全部やってみよう！　人生は、一度きりです。

女性は結婚や出産の過程があるため、どうしても仕事から離れる期間が出てきてしまいます。特に子育てにおいては、子どもが熱を出すこともあり、思い通りにいかないことだらけです。そんな忙しい女性であっても、もっと笑って夢を語れるような、キラキラした世の中であって欲しいと願っています。女性が美しく輝くことで、世界は明るくなります。そんな世界になれるよう、私が先頭となり手を引いていける、そんな会社をつくるのが目標です。

最後に、これから夢を語り叶えていく読者の方へ。

カッコいい姿を見せようと考えなくていいのです。強い思いがゆるぎないものであるなら、失敗し転んでも這い上がる姿と情熱を見せてください。夢を語るあなたは今、とても輝いているでしょう。どんな美容液にも勝るエッセンスを持っています。

蕎麦が大好きな私。次はお蕎麦屋さんを開きます。これも口に出して、皆に伝えています。

あなたの夢は何ですか？　ぜひ私に聞かせてください。

あなたへの
メッセージ

叶えたいこと、やりたいこと、夢、目標は
どんどん人に伝えること。
根拠のない自信を持つこと。
夢は語ったもん勝ちです。

赤間 ひとみさんへの
お問合わせはコチラ

女性が使いやすい
家づくりを目指し
建築業界へ。
お客様から
長く愛される
建築女子の経営マインド

らいふでざいん室・秀 代表
建築設計デザイン

浅野 秀代

大阪府岸和田市生まれ。結婚を機に福井県に移住。子育て中にインテリアコーディネーター、二級建築士の資格を取得後、設計事務所勤務を経て「らいふでざいん室・秀」を開設。住宅のリフォームから新築、店舗の設計施工も手がける。打ち合わせでは、女性の想いを汲みとる聞き役、工事現場では職人達に現場確認や指示などを行う。お客様とは、初めてお会いしたときから工事完成に至るまで寄り添う、住まいの水先案内人。

1日の
スケジュール

5:00 起床・朝食・身支度

7:30 仕事スタート(1日の予定確
メールチェック)

8:00 現場に向かう　現場打合せ指示

10:00 図面・発注・デスクワーク

12:00 昼食

13:00 お客様と打ち合わせや図面・見積・プレゼン作

17:00 現場状況確認

18:30 事務所兼自宅に戻る

19:00 夕食準備　夕食

20:00 デスクワーク

24:00 就寝

すべての経験は、「今」に繋がります

お客様から電話が入り、相談をお受けするところから、私の仕事は始まります。住まいの現状を見せていただいたうえで図面を描き、プランを作成。住設機器のショールームにもご案内し、見積もりを作成・提案。契約を結んだら、工事の手配に入ります。現場では、大工さんや電気屋さんなどの各職人に、図面に沿って指示をします。

この通り、住まいに関するすべての工程に携わっているため、図面だけを描く設計士というよりは「建築女子」という肩書きが合っているのではと思います。

建築業界というと、「男の世界」をイメージされる方も多いですが、住まいを変えたいと悩んでいるのは、日々家事をこなす女性がほとんどです。打ち合わせでは、家族への不満やさまざまな想いにも話が言及されることも多くあり、家の中で家族を見守る女性にとって、快適な住まいづくりはとても重要なことです。

大阪生まれ、大阪育ち。高校を卒業後は、大阪市内のいわゆる「一流企業」に就職。OL生活を始めましたが、当時与えられた仕事は、お茶くみやコピーくらいでした。男性社

員からも「それだけやっていれば十分だよ」と言われ、あまりのやりがいのなさに失望しました。

就職して1年後、「やりがいある仕事を見つけたい」という想いで、以前から好きだったデザインが学べる夜間スクールに通い、インテリア・建築の世界に足を踏み入れました。

そこで、「住宅は、建物の外形からではなく、そこに住む人間の体や動き、生活や心理を含むインテリアから作っていくべきであること」を痛感しました。住まいは、男性目線でなく女性目線中心で考えるべきであり、住まいに関する発想は男性中心で作られる設計ではなく、女性が担うべきではないかと強く感じたのです。

実家は父が新築しました。腕のいい大工さんにお願いしたようで、太い柱や立派な梁の造作が父の自慢でした。しかし、いっさい意見を取り入れてもらえなかった母は、「お父ちゃんが勝手に建てた。使いにくい。私の意見は聞いてもらえなかった」と、毎日のように、何十年経っても不満を口にしていました。

そんな母を見てきた過去が、私の家づくりの原点になっています。もちろん、父が悪いのではありません。当時は、「家は父親が建てるもの」という時代だったのです。

その後、ご縁があって福井県に嫁ぎ、出産。子育てをしながら、インテリアコーディネーターの資格を取得しました。そして、夫が経営するインテリア店を手伝いながら、二級建築士の資格も取得、設計事務所での経験を経て起業に至りました。

インテリアを考えるうえでは、主婦の経験が大きく役立ちます。

子育てや料理、掃除、収納や片付け。自分自身で経験したからこその提案には説得力がありますし、リフォーム相談に来られた女性から聞かれる、家の使い勝手の悪さや不満に共感することができました。「わかってもらえる設計士」として、多くの女性の方に喜んでいただき、口コミの輪がどんどん広がっていったのです。

そこで「女性の想いは女性が聞く」というスローガンを掲げました。すると、タウンページでこの言葉を目にしたという女性から遠慮がちに「あの……女性の想いを聞いていただけるんですか?」と、突然お電話がかかってきたこともありました。おそらく「これからの住まいづくりには女性の意見が必要」という時代の流れにのっていたのだと思います。

母の意見が通らなかった父の家づくりから、大正生まれの舅・姑との同居や家事・子育て、PTA活動。自分の経験すべてを仕事に活かせました。やりがいがなかったOL時代の事務経験も、のちの事務所開設時に、大変役立ちました。

生きていくなかで得た経験は、どんなものでも、どこかでかならず発揮できます。一つも無駄なことはありません。今やっていること、それが明日に繋がるのです。

やりたいと思ったことはやってみる

24歳で農家に嫁ぎました。「家事はすべて女がするもの」という昔ながらの慣習があり、家を建て替える時も、嫁である私の意見など、まったく取り入れてもらえませんでした。そして、「女が意見をしたり、世に出る仕事をしたりする必要などない」という、古い考えを持つ舅・姑との同居生活がスタート。そんななかでも、独身時代からの夢は変わることなく、家事や子どもの寝かしつけを終わらせた夜中に勉強しました。子育てをしながらの勉強は楽ではありませんでしたが、やりたいことに対しては疲れを忘れ、夢中になれたのです。

その後、夫と共にインテリア店を始めました。お店の手伝いをしながら勉強を続け、30歳の時にインテリアコーディネーター、翌年には二級建築士の資格を取得しました。同時に、資格を取るだけでなく、建築士としての実務経験を積み、世の中に出ても恥じない力を身につけたいと思いました。インテリア店では、他の工務店が作った家の「仕上げの一部」として、クロスやカーテンなどを受注するだけの仕事が多く、建築全般の知識を得ることができなかったからです。

「もっと広い知識がほしい」という想いを抱き、お客様を通じて知り合った設計事務所の門戸をたたきました。世の中に通じる建築設計図面が描けるようになりたいこと、実務経験を積みたいこと、将来的には独立したいことなどを、一級建築士である所長に伝えます。「お給料はいりません」とも申し出ました。

それに対し、所長は「よし、わかった」と、快く受け入れてくださったのです。

出勤初日。持参するように言われた製図台（設計図を描くための台）を抱え、緊張しながら事務所の扉を開けました。

そこで所長が用意してくれたのが、小さな物置小屋です。一級建築士事務所では、学校や病院などの大型物件中心の案件を請け負いますが、所員は通常、その一部を担当するのみです。それにもかかわらず、私のために一から十まで携われる案件を用意し、任せてくれました。「独立したい」という想いまで考えてくださったのです。

設計事務所では、敷地の測定からプラン・設計、確認申請業務から仕様決め、お客様との打ち合わせまで、すべてを一人で担当することができました。道を開いてくれた所長をはじめ、多くの方との出会いに、ただ感謝しました。

家業であるインテリア店の手伝いと、嫁として家事全般をこなしながら、設計事務所で3年間お世話になりました。

ただ当時は、まだ自分の事務所を開設することに対し、漠然としか考えていませんでした。結婚して目の当たりにした「女は前に出ない、出るべきでない」という風潮。田舎という土地柄もあったかもしれませんが、そんな考え方が根強い時代だったのです。

設計事務所で得た経験から、夫と共に営んでいたインテリア店のなかでも増改築・リフォームの仕事を増やしていきました。インテリアだけでなく、職人を使っての建築設計施工全般をこなすことに力を入れ始めたのです。

なかなか行動に移せなかった夢の事務所開設。お客様とのかかわりや職人たちとの仕事を通して、その想いは強くなるばかりでした。そして、インテリア店の仕事から離れ、自分自身の事務所を起ち上げることを決意しました。住まいの建築をトータルにプロデュースし、設計施工する事務所「らいふでざいん室・秀」を開設したのです。この時、40歳。子どもたちは16歳と14歳になっていました。

「起業」と聞くと、失敗やリスクが脳裏をよぎり、さまざまな不安や悩みを抱えてしまうイメージを持たれる方もいるかもしれません。しかし、この時は特別気負うことも、無理をすることもなく、ごく自然な流れでの独立でした。「タイミング」とでもいうのでしょうか。「物事が進む時って、そんなものなのだなあ」という思いです。

独立にあたっては電話やファックス、コピー機からパソコン、机などを準備し、賃貸事務所を契約しました。ありがたいことに、もともとお取引をしていたお客様が継続依頼をしてくださり、仕事を請け負う職人たちとも、変わらずのお付き合いが続きました。

立ち位置が変わっても、出会った人と人、気持ちと気持ちは繋がっていくことを実感し、感謝の気持ちでいっぱいでした。


新しい事務所での仕事は、順調にスタートしました。当初、１００万円のリフォーム契約をいただいただけでも、ドキドキし手が震えました。しかし、徐々に新築や店舗など大きな工事なども手掛けるようになると、受注金額も１０００万円、２０００万円以上になり、仕事のスケールがどんどん大きくなっていきました。自分が本当にやりたかった仕事が、ようやくできるようになってきたのです。

事務所開設と同時に「リフォームいろは塾」という名前で、リフォームするには、何から始めたらたらいい？　という、リフォームのノウハウを一からお教えする教室を始めました。毎回、主婦の方たちが集まり、わいわい楽しく勉強をしていただきました。

このような多忙な仕事が続いたことで、やがて夫との大きな距離ができ、最終的には離婚という結論に至りました。

事務所の開設から4年が経った頃、ローンで土地を買い、事務所兼住宅を建てることに決めました。そのためにはまず、融資を受ける必要があります。ローンを申し込むため銀行に向かいました。そこで担当した支店長さんに、自分が掲載された雑誌を見ていただきながら、これからの住まいづくりには、プロの女性建築士が必要であることや、仕事の将来性などを熱く語りました。すると、その熱意を受け止めてくださり、「ぜひお貸ししましょう。頑張ってください」と、力強いお返事をいただけたのです。

その後、婚家から出て世帯主となり、約2500万円の借金を抱えて新生活をスタート。さらに同じタイミングで、子どもたちの大学費用の借入れをしたこともあり、世間の向かい風をまともに受けながら「借金生活」が始まりました。

身内も親戚も、同級生もいない県外出身者で誰に頼ることもできず、不安もありましたが、仕事への想いや熱意に対し多くのお客様が賛同し、応援してくださいました。現場で動いてくれる職人仲間たちも、チームとしてついてきてくれたのです。

今振り返ってみても、この時に決断したことは間違いではありませんでした。お金も余裕がなく、決して楽な道ではありませんでしたが、「やりたいと思ったことは、やる」。もし、この時に行動していなかったら、20年たった今も、後悔していたと思います。

やらなくて後悔するより、困難ななかでも行動し続けると、かならず道は開けるのです。

「マイナス」を「プラス」に捉える考え方

建築業界では、工事を請け負う「元請建築会社」の下に、建築士や現場監督、デザイナーやインテリアコーディネーターなどが、それぞれの役割を分担し、下請けとして仕事を受注。工事も下請けの職人業者が請け負います。

当事務所では、お客様からのご依頼後、設計・契約・施工の「元請」となって、工事契約を行います。最近のリノベーションでは、2000万円を超す工事が主流になっていますが、工事を下請け業者に依頼し、工事終了後、支払いをするという流れになっています。

これまで多くの家づくりを手掛けてきました。

お客様をはじめ、工事現場でのコミュニケーション、打ち合わせや連絡などを通して、会話の大切さを意識しています。だからこそ、お客様に「良かった」「ありがとうございました」と言っていただけるのは、本当にうれしいことです。

ですが、どんなに注意をしていても、ミスやクレームは発生します。お客様や下請業者さんに、「これ、あかんやろ」と言われたり、間違ったやり方を指摘されたりすると、気まずさを感じることも少なくありません。

もし、あなたがクライアントやお客様からクレームや間違いを指摘された時、どのように受け止めますか。多くの人は、「私はこう思うのに」「私の方が正しいのに」と思い、いい気分にはなれないと思います。しかし、そう捉えてしまうと腹が立つだけで終わってしまい、何の成長もありません。まず、クレームをいただけたことを「ありがたい」と思いましょう。それが新しい視点や方法の気づきとなるからです。

人から褒められると心地がよいものです。しかし、褒められるだけでは成長しません。クレームにこそ真実があります。「自分の意見だけが正しい」と思うのではなく、「自分がもっと丁寧に説明していれば、勘違いやクレームにならなかった」と反省すれば腹も立ちませんし、次のお客様に対して同じ間違いを繰り返さなくても済みます。

クレームを通して「真実」をいただけることに感謝しましょう。

このような考え方を持ち続けてきたことで、多くの方と信頼関係を築き、ここまで長く事業を続けてくることができたと思っています。

一見マイナスに見えるものでも、自分にとって大きなプラスになるものが隠れていることを意識してみてください。

神様は空の上でなく、人のなかにいます

振り返ってみると、本当に多くの方にお世話になりました。

すべては人と人との繋がりです。ＰＴＡ活動をしていた頃に知り合った方とは、今もお付き合いしていますし、ご近所さんや友達、ボランティア活動の仲間やお客様と職人達、仕事を通して知り合った方もみな、何気ない出会いから交流が広がっていきました。

そんな大切な人達に共通しているのは、出会いは「いい人だな」という印象から始まったということです。話をすると人柄がわかりますよね。一生懸命な姿も見えますよね。

たとえば、仕事と関係のない繋がりだったとしても、後に住まいのリフォームを考えた時、「あ、そういえばあの人、建築の仕事をしていたな。いい人だったから、相談してみようかな」このように自分のことを、ふと思い出していただけることがあるのです。

それはまるで、少しだけ遅れて聞こえてくる「こだま」のようです。

事業を続けていくには、人との繋がりを大切にするべきです。繋がりのなかで、道を切り開いてくれる出会いがかならず訪れます。夢を叶えてくれる神様は、空の上ではなく、人のなかにいるのだと思っています。

そして、仕事は「楽しむこと」が何より大切です。

私の場合は、お客様との打ち合わせや描いた図面が形になった時、真冬の寒いなか、真夏の酷暑のなか、職人達とけんけんがくがく言いつつ、建物完成の喜びを分かち合う時に、仕事の楽しさを感じます。これまで家を何百軒と作っていますが、完成のたびに「この仕事やっていてよかった！」と感動できるのです。

もちろん、完成に至るまでの苦しみは、半端なものではありませんが……。それでも、やはり「た・の・し・い！」この気持ちには敵いません。

私にとって仕事は、「苦しい」からこそ、「楽しい」と思えるものなのかもしれません。


「ああ、楽しかった！」

「本当にありがとうございました！」

「秀さんって、本当にインテリアの仕事が好きなんですね！　わかります！」

ご依頼されたお客様が、こんな風に言ってくださいます。

私のわくわくした想いが、お客様にも伝染しているのです。

そんな、お客様も作り手もわくわくする住まいづくりを、私のようなスタイルでやりたいと考えている「建築女子」を育てるのが、今の夢です。

住まいづくりに悩んでいる女性や世の中のために、一緒に挑戦してみませんか。
迷える「建築女子予備軍」の方、いつでもご相談お待ちしています。
また、職種は違っても、起業にチャレンジしたい方はいつでもお声かけくださいね。
最後まで読んでくださり、本当にありがとうございました。
一度きりの人生、共に楽しみながら頑張りましょうね。

あなたへの
メッセージ

できないことや
不安の数よりも、
できることを一つでも多く数える。
そうすればあなたもきっと、
一歩踏み出す勇気が持てるはずです。

浅野 秀代さんへの
お問合わせはコチラ

公立学校英語教師から経営者へ。多くの人が未来を創造できる世の中になることを願う女性社長の想い

Re-Career株式会社 代表取締役
元公立中学校英語科教員／
教員向けライフコーチ

新川 紗世

1985年、静岡県生まれ。Re-Career 株式会社 代表取締役。大学卒業後、私立高校の英語講師を経て公立中学校の英語科教諭として勤務。担任業務や教科指導、生徒会担当など多くの仕事を担うが、11年目に心身の不調により退職。今後の人生に悩むなかでライフコーチに出会い、現在は教師の強みややりたいことを見つけるためのコーチングプログラムを主宰。教育団体 Growing-Ups for Children の代表理事。2023年、教育国際賞 Education2.0—Outstanding Leadership Award 受賞。

1日の
スケジュール

4:30 起床・エアロバイク
5:45 愛犬の散歩・支度・朝食
8:00 メール返信などの業務
9:00 グループセッション
13:00 教育団体業務・ミーティング
15:30 SNS投稿作成・チャット返信などの業務
18:00 夕食準備・夕食
19:00 読書・インプット
20:30 入浴
22:30 就寝

休職した教員がコーチングに出会うまで

学ぶことが好きだった私は、高校卒業後、大学に進学することを希望しました。経済的に余裕のある家庭ではなかったので、仕送りはもらわず、奨学金とアルバイトで稼いだお金をやりくりしながら学生生活を送ることに。両親や姉、近い親戚でも大学進学をしている身内はおらず、大きな期待をされていました。

進学したのは、外国語大学です。キャビンアテンダントや通訳・翻訳などを目指す友人が多いなかで、興味を持ったのは「教育」でした。「教育なら、教育学部に進むべきでは？」と思う方もいるかもしれませんが、外国語大学に進学したのは、ただ英語が大好きで、英語を活かした職業につきたいという思いの方が強かったからです。

教員免許取得に向けた授業を通して、英語教育に強く興味が湧きました。大学3年生の時は、就職活動をしている同級生を横目に、翌年行われる教員採用試験に向けて勉強を頑張りました。しかし、結果は不合格。卒業後の1年目は、私立の高校で非常勤講師として働くことになりました。

そして2年目、無事に県の教員採用試験に合格。晴れて公立中学校の教諭となり英語教員としてスタートを切りました。講師ではなく正規の教員、しかも「公務員」という立場になった娘を両親は誇りに思い、とても喜んでくれ、安心した様子を見せていたのをよく覚えています。

初任者から中学2年生の担任を任されました。何もかもが初めての経験で、朝早くから夜遅くまで必死に働きました。思春期の真っ只中である中学生とのかかわりで試行錯誤するなか、英語の授業だけでなく担任業務、そのほかの山のような業務をひたすらこなす日々。車通勤でしたが、仕事帰りは疲労から眠気に襲われ、コンビニの駐車場で仮眠をし、夜中に帰途につくことも幾度となくありました。多忙な教員生活は大変なことの方が多かったのですが、可愛い子ども達を見ると励みになり、「先生」という仕事に就けたことを、誇りに感じていました。

そこから2度の異動を経験し、30代に突入しました。授業も担任業務も少しずつ要領を得て、気づけば「中堅」と呼ばれる立場に。仕事には慣れる一方で、任される仕事も増え、責任のある仕事も多く担うようになりました。

30代半ばになると、同年代の教員が育産休をとり始めましたが、当時未婚だった私は、変わらず多忙な教員生活を続ける日々でした。「理由もないのに休めない」と思っており、毎年もらえる有給休暇も、ほぼ使われないまま消えていきました。「休んだら同僚に迷惑がかかる」その思いが強すぎて、気づけば体調不良で数日休んだ以外は、休みをとっていなかったのです。

責任のある仕事が増え続けるなかで通常の授業、そして担任業務。さらには校内全体にかかわる業務や市内代表の研究発表。土日は部活動に行くか、仕事をしているような状態で、心から休むことができなくなっていました。笑顔で仕事をした後、帰りの車では涙が溢れ、自宅ではお酒を飲んで気を紛らわせます。そんな生活が続くと、次第に眠れなくなっていきました。自分では自覚できないほどの大きなストレスを抱えていたのです。

そして、11年目の夏休み明け、ついに学校に行けなくなりました。

仕事をほとんど休まずに一生懸命に業務を担ってきた、そんな自分が精神を病んで病院に罹るなんて……。最初は弱い自分を認めることができず、メンタルクリニックに電話するだけでも、かなりの勇気が必要でした。

学校を休み始めて3か月はとにかく療養に専念しましたが、いくら休んでも、仕事を休んでいることへの罪悪感が募るばかりでした。「なぜこうなってしまったのだろう」と、自分を何度も責めました。しかし、この状況で復帰することは困難です。仕事を休み始めて4か月の時、自分の人生を深く考えるようになりました。「定年退職まで続けるつもりだった教員という仕事を辞める？　辞めてどうする？」そう悩みながらも、英語を使った仕事で何かできるものはないかと調べるようになりました。

そこで見つけたのが「英語コーチ」という仕事です。当時はコーチングについての知識がなかったのですが、ある方のコーチングを初めて受けた時に、休んでいる自分を受け入れ、これからの人生と向き合うきっかけをいただきました。自分のなかで、あまりにも現実からかけ離れている目標や理想を言語化し、「私は新しいことに挑戦したいのだ」という想いに気づけたのです。

思考整理と行動を促してくれたコーチングで、私も多くの30代の方の人生に影響を与えられるようなコーチになりたいと思い、講座の受講を決めました。講座の受講料は40万円です。これまで、こんなに高い買い物をしたことがなく、お金を払うことにとても躊躇したことを覚えています。目に見えない商品にお金を支払う怖さもありました。しかし、ここで何もしなければ変わらないという思いで費用を払い、学びの機会を得ました。思えば、あの40万円を支払う勇気を持てたことこそ、今の活動の原点となっています。

退職、留学中止したからこそ手に入れたもの

両親は自営業を営んでいました。しかし、経営がうまくいかなくなったことで事業を撤退。父は会社員として働きに出るようになりました。事業を営む大変さを知っている父にとって、公務員は安定した最高の職業です。心身を壊し学校に行けなくなった時も、どれだけ休んでもいいから、教員に戻るように言われました。「好きなことで稼げる人はほんの一握りだ。仕事とは嫌なもの。みんな嫌々でもやっている」。父がよく口にしていた言葉です。だから、何としても教員に戻ってほしかったのだと思います。

それでも、新しいことに挑戦したい気持ちは変わりませんでした。教員には戻らず、大好きな英語を極めるため長期留学をしようと決めたのです。

父も反対するなか、ビザの申請や学校の選定、手続きなど、着々と準備を進めました。早く準備をしないと、教員を辞める決心が揺らぎそうだったというのもあります。

教員の仕事は好きだったので「辞める」決断にはとても勇気がいりました。だからこそ、留学準備で紛らわせたのです。

ところが、仕事を辞めて留学する予定だった2020年は、ちょうどコロナ第一波の時期です。国は封鎖され、留学は延期をせざるを得ない状況でした。最初はオンラインで授業を受けていましたが、最終的に中止の決断をしました。

留学を中止した後は、オンライン英会話の講師を務めたり、自宅で仕事ができる業務委託案件を受託したりして、英語を活かした仕事に携わりました。

教員時代の手取り収入は約25万円。そこで、まずは25万円を稼げるようになるために、時間を使って働き始めました。仕事内容よりも「お金が大事である」という思考に囚われていたので、やりたくない仕事もしていました。

その一方で、ライフコーチとして事業をしていきたい思いもあり、少しずつ挑戦を始めました。しかし、ビジネス経験もないため集客もうまくいかず、コーチングの事業よりも、25万円を稼ぐための仕事に時間を費やしていました。当時、25万円の収入があることが自分自身の安心材料になっていたのだと思います。あんなに教員を辞めることを躊躇し、親から反対されていたこともあり、しっかりと生きていくための収入を自分で作りたいと思っていたことが大きかったのでしょう。

「健康でない時に、大きな決断をしない方がいい」。休職中、何人かの方に言われた言葉です。実際に心身を壊してメンタルクリニックに通っていましたし、仕事を辞めて新しいことを始めるのは、とても大きい決断でした。ただ単に「教員から逃げたい」という気持ちがあったのも正直なところです。

たしかに、そんな状態では物事を冷静に考えられず、後先考えずに勢いで決断していたかもしれません。前向きに未来のことなんて考えられなかったと思います

しかし、コーチングを受けたことで、本当にやりたいことを見つけることができました。コーチングが、新たな人生を歩み始める大きな一歩となったのです。

そして、何よりも心の安定を手に入れたことが大きく、苦しかった教員生活の後半から、コーチングで未来を創造していくなかで、思い切って教員という世界を抜け出して良かったと思っています。

新しい世界に飛び込むのは、とても勇気がいることです。周りの声に心を乱されたり、決断したと思ったら揺らいでしまったり、後悔したくないがために、このままでいいのかいつまでも悩むことでしょう。それでも一歩を踏み出せない方に伝えたいのは、今あなたがいるのは、誰の人生でもなく、あなたの人生を生きているのだということです。

公務員という安定を捨てて未知の世界へ

教員を辞めたあとは、ビジネス経験ゼロでオンライン起業をしました。

最初はお金をいただくことへの抵抗がとても大きく、1時間3000円のセッションすら案内することができませんでした。田舎住まいで、おまけに自宅で稼げるのであれば、時給1000円程度でもいいのでは？　そう思っていたため、英語のレッスンでもコーチングでも、1時間3000円のサービスはかなり高額だと感じていたのです。そもそも「自分に3000円を払ってくれる人がいるのだろうか？」という不安もありましたし、SNSで集客をする時も、発信することすら怖いと感じる時期がありました。

そんななかでも、定期的にコーチングを受けたり、講座や学びの場で仲間と過ごしたりすることで、徐々に自分の価値や強みに気づけるようになっていったのです。

お客様から3000円をもらうことに躊躇していた私ですが、学びのためにお金を支払うことには段々と慣れていきました。教員を辞めたばかりの頃、自分でできることなのに、お金を払って人にお願いすることは「もったいない」と感じていました。自分でできることは時間をかけてでもやれば、お金がかからない。そう思って時間をたくさん使い、一人

新川　紗世

で何でも進めていこうとしました。それが今では、お金を支払って人に頼み、自分の時間を大切にするようになり、「自分にしかできない貢献をしよう」と思えるようになったのです。以前は、仕事内容よりもお金の方が大事で、やりたくない仕事もしていた私にとっては、考え方と行動が大きく変わったことの一つです。この変化によって、本当に助けたい人を助けるための時間を作り、学びたいことだけにお金を使っていくことで、自分自身の成長を日々感じられるようになりました。

今は無料で手に入る情報が多くあり、お金を払わなくても学べる時代です。ですが、私の場合はお金を支払い、学びの環境に自分の身をおいたことでビジネスを加速させるきっかけができました。また、考え方や行動の変化は、学びとともに仲間との出会いがとても大きく影響しています。費用をかけて学びにくる人は、無料ですべてを何とかしようとしている人と覚悟が違います。そういった環境に身を置き、切磋琢磨する仲間ができたことで、ビジネスを学びながら実践し、売上を伸ばすことができるようになったのです

現在では、教員時代では考えられなかったようなお金のやりとりをしています。それができるようになったのは、自分の価値に気づき、その価値を必要としてくれている人の存在を感じられるようになったからだと思っています。

変化したのは、収入面だけではありません。研修を受けたり学んだりするなかで、「人生」

について深く考える時間が増えました。

命は有限です。限りある時間で、自分は何をして、何に貢献できるのか。そう考えた時に出てきたのが「教育団体設立」です。仲間と一緒に、ウェブマガジン・ペーパーマガジンの制作や、クラウドファンディングにも挑戦し、成功することができました。応援してくださる方々と繋がれたことも、とても価値あるものでした。

お金にばかりフォーカスをして時間を切り売りし、やりたくないことにばかり時間を使っていたら、団体設立のための準備や運営はできなかったでしょう。何かを始めようとする際、自分一人だけだと不安にもなりますし、進む方向も見えなくなることもありますが、そんな時、自分が安心して身をおける場所で学ぶことも、一つの方法です。

公務員を辞め、未経験のビジネス界に飛び込んでから、2023年で4年目を迎えました。起業当時は、同じように教員を辞め新しくビジネスを始めている人は多くありませんでした。ですが、ここ1、2年で事業を始めた、もしくは始めようとしている「元先生」を多く見かけます。多くの先生達は、保護者向けや教員向け、子ども向けのサービスを展開しようとされています。教員から離れたからといって、決して子ども達のことが嫌で辞めたわけではなく、つねに教育に熱意を持ち続けていることには変わりないのです。

一学校一コーチで人々が満たされた世界に

私は誰でも「コーチ」になれると考えています。コーチングとの出会いで人生が好転した自分自身の経験を通して、大人にとっても子どもにとっても、コーチングがもっと身近になるのを望んでいます。

そこで私が目指すのは「一学校一コーチ」です。教員はもちろん、保護者なども含めた大人がコーチングを受けることで、満たされた気持ちになります。するとその大人は、子ども達に対しコーチングを取り入れたコミュニケーションが可能になるのです。

一人のコーチとの出会いが、人生に大きな良い影響を与えます。コーチングを通して、子ども達にも良い影響をもたらすことができれば、こんなに嬉しいことはありません。

近年「コーチ」と聞くと、胡散臭さを感じてしまったり「怪しい」と思われたりすることも多いようですが、しっかりと「コーチング」について学んできた方は、素晴らしい人格を持ち、人に貢献できるサービスを提供されています。コーチングが広まり、もっと多くの方が幸せな人生を歩めたらと願っています。そのためにできることは、まだ必要な人に届いていない価値のある商品を、必要な人に届けるお手伝いをすることです。

教育現場を離れても、熱い想いを持っている方は多くいます。その中には、能力があり価値のあるサービスを提供できるはずなのに、それをカタチにできない方もいます。私は、そういった熱い想いがある方が、これまで培ってきた経験やスキルをもっと活かして、価値を高単価でお客さまに届けられるような事業サポートをしています。

「価格が高い＝悪」だと思われる方も、なかにはいらっしゃいますが、私達は価値あるものには高い費用を支払います。たとえば、レジ袋の費用はもったないと感じますが、結婚式やテーマパーク、コンサートの費用は高額でも支払います。実際に私も、スーパーにはかならずマイバッグを持っていきますが、価値のある学びには数十万円でも支払います。あなたの提供するサービスに価値を見出せば、高単価でもお客さまに届けることができるのです。だからこそ、まずはコーチ自身がコーチングを受け、自分の価値に気づいていただき、それから商品作りをしていきます。自分自身が満たされる経験をしなければ、お客さまに良いサービスは提供できません。まずはコーチ自身が経済的にも時間的にも余裕を持つことで、より多くの方へ貢献できることが増えていくのです。

満たされたコーチからサービスを受けた大人が満たされ、子ども達にも良い影響を与えていく。そんな風に、世の中全体が満たされた気持ちになり、支え合える優しい世界になることを、願っています。

教員を辞めた30代は、社会に出てちょうど10年ほど経過する年齢。ふと「人生このままでいいのかな」と考え始める時期です。少なくとも、この書籍を手にとっている方は、自分らしい生き方をしたいと思っている方が多いことでしょう。

未経験の挑戦や新しい世界に足を踏み入れることは、とても勇気がいることです。何歳からでもやりたいことはできると頭では理解していても、年齢が上がれば上がるほど何かが行動のブレーキとなり、夢実現のハードルを高くしてしまう人は多いのかもしれません。

それでも、この本を手にとった方にはお伝えしたいことがあります。それは、「〇〇しなければならない」ということは何一つない、ということです。

私は、30代中盤で公務員を辞めるという決断をしました。今は徐々に考え方が変わりつつありますが、昔は「公務員なら定年まで続けるのが当たり前」だと思われていました。

ほかにも、「〇才になったら結婚しなければならない」「子どもを産まなければならない」「仕事は我慢しなければならない」……こうした声を耳にしたことはありませんか？

あなたが今「当たり前」と思っていることは、当たり前ではありません。

自分の人生は自分で選択できるのです。

この本を通して、前に進みたいけれど一歩を踏み出せない方の背中を少しでも押せたら、とても嬉しく思います。

あなたへの
メッセージ

公務員からの起業。
小さな一歩とは言い難い
私にとっては大きな決断。
でも今思えば、
その一歩がすべてを変えた。

新川 紗世さんへの
お問合わせはコチラ

専業主婦からシングルマザー、そして起業！3つの事業経営を通し考える課題の乗り越え方と仕事と育児の両立

株式会社ウッドランドパス　代表取締役
介護福祉事業

荒木 周子

1964年生まれ、熊本県出身。「株式会社 ウッドランドパス」代表取締役。結婚・出産後10年間専業主婦として過ごすが32歳の時に離婚。シングルマザーとして地元製造会社での勤務を経て、大手洋菓子店のオーナーとなる。その後、祖母の介護をきっかけに介護事業に出会い、熊本地震での経験を通して事業を拡大。現在は有料老人ホームをはじめデイサービス、訪問介護ステーション、訪問看護ステーションなどを運営中。

1日の
スケジュール

4:00 コーヒーと読書、
ペットとのモーニングタイム

6:00 出社

11:00 ランチ打ち合わせ

17:30 帰宅　夕食、入浴

21:00 就寝

チャンスはどこからやってくるかわからない

起業したのは43歳の時。シングルマザーになってから10年後のことです。23歳で出産し、10年間専業主婦として過ごしていた私は、社会人としての経験は多くありませんでした。それでも起業し、こうして19年間、経営者として事業を続けることができています。それは、目の前に現れたチャンスに対し、迷わずに行動してきた成果だと思っています。

高校生の頃、きっかけは覚えていないのですが、会計に興味を持つようになりました。会計は1円の間違いもあってはなりません。パズルのようにピッタリと数字を合わせていく作業が面白く、白黒はっきりしており、自分に合っているなと感じました。

高校卒業後は地元の大学に行く予定でしたが、実家を離れたいという思いもあり、東京の大きな会社に就職。地元を離れ、都会での生活に期待を抱き上京したものの、大きな会社が合わずに1年ほどで退職してしまいました。

その後、横浜の会計事務所に就職し、もともと得意だった会計の仕事に携わることになりました。

会計は数字を扱うものなので、どちらかと苦手意識を持つ方が多いのではないでしょうか。しかし、会計に必要な「貸借対照表」や「決算書」と呼ばれるものは、じつはとてもシンプルなもので、決してむずかしいものではありません。この書類の数字を見るだけでわかることがとても多いのです。経営には問題がつきものですが、具体的にどこが問題なのか、数字の変化があるところから問題を探ると、人の目だけでは見えないものに気づくことができます。

会計事務所では、このような経営の基本を学び、今の事業にも活かされています。

その後、母の病気をきっかけに会計事務所を退職。結婚し2人の息子に恵まれ、専業主婦になりました。家庭に入り子育てに専念できたことはとても貴重な時間だったと思っています。

しかし10年後、夫婦間に溝ができてしまい、離婚。熊本に帰り、2人の子どもを一人で育てるために就職先を探すことになりました。長い期間、社会から離れていたので、都合の良い仕事もすぐに見つかるか不安でしたが、会計の経験があったことで、地元の製造会社で経理として就職することができました。

経理の仕事は好きで得意でしたので、仕事ができずに苦しむということはありませんでした。しかし、黙々と作業をすることが多いため、徐々に数字とだけ向き合うことに辛さを感じることが多くなっていきました。おそらく、シングルマザーとして子どもを育てる責任や不安を発散する機会が少なく、知らぬ間にストレスを抱えていたのかもしれません。ふとした時、生活のための仕事ではなく、「好きなこと」を仕事にしたいと思うようになっていたのです。とはいえ、それを行動に移すわけでもなく、「もし新しい仕事をするなら、ケーキ屋さんをやってみたいな」と、漠然とした夢を思い描くだけでした。

そんな時、転機が訪れます。勤務先は小さな会社だったため、金融機関へ出向き担当の方とお話をする機会も多くありました。ある日、その方からこう言われました。

「洋菓子店のオーナーを募集しているのですが、荒木さん、やってみない？　ケーキ屋さんが似合いそうだよね」

この話が舞い込んだ時、正直驚きました。心の中で「ケーキ屋さんをやりたい」と思ってはいても、誰にも口にしたことがなかったからです。この時は、できるかどうかよりも、嬉しい気持ちの方が勝り、洋菓子店のオーナーになることをすぐに決意しました。

チャンスはどこからやってくるかわかりません。

訪れたタイミングを逃さずに、目の前に差し出されたものに対し真っ直ぐに突き進んだことで、今があると思っています。

洋菓子店の経営と子育ての両立

思いがけず、夢だった洋菓子店のオーナーとしての扉が開いたわけですが、店舗の運営そのものや準備など、わからないことだらけでした。しかし、オーナーとなったのは、フランチャイズ展開をしている大手洋菓子店。商品の品質も確保され、管理や技術、教育、求人の出し方までパッケージ化されており、必要なものはすべて本部が用意してくれるという恵まれた環境でした。

起業において大きなハードルとなったのは、資金調達です。資金面には余裕はなかったため、融資は必須でした。この課題に対しては、父が「やりたいならやってみればいいい」と、融資の際の保証人になってくれたことで、無事に解決することができました。会計の知識はあったものの、不安も大きかったのですが、多くの人のサポートを受け店舗をオープンすることができたのです。

しかし、店舗運営は決して楽なものではありませんでした。

私の店舗は大きなショッピングモールの中にあったため、365日営業で休みがありません。そのため、朝から夜の12時まで職場で過ごす生活が始まりました。すべてを従業員に任せられるまで、オープンから1年間は、365日、休みなく働きました。

その当時、下の子は中学生でした。手はかからなくなっていましたが、子どもの成長過程において大事な思春期の時期でもあります。母として100パーセント手をかけてあげられないことに申し訳ない気持ちもありました。

だからこそ、忙しさに追われていても、「子どもを気にかけること」は忘れないよう意識しました。

できないこともたくさんありましたが食事の用意や、朝は子どもが家を出てから出勤するようにし、夜、予定通りに帰れない時はかならず連絡を入れる。学校行事や部活の試合もできるだけ時間を作って参加し顔を見せ、来たことがわかってくれたら仕事に戻るようにしていました。

ゆっくり椅子に座って食事をした記憶がないほど忙しかったのですが、子どものことは些細なことでも気にかけるようにすることで、愛情を伝える努力をしていました。

運営が軌道に乗ると、子どもの友達がアルバイトをしてくれることもありました。そのなかで彼らの交友関係の様子も垣間見ることができ、私達なりの方法でコミュニケーションをとることができたと思っています。

当時は子育ての正解などわかりませんでした。

私ができることをしていただけだったのですが、子ども達が大人になった今、彼らの姿を見ていると、これで良かったのだと実感しています。


お店をオープンしてからは、時間も心も余裕がありませんでした。

心に余裕がないと、笑顔もなくなり、人の幸せを喜べなくなる原因になります。

頑張り続けることは素晴らしいことですが、それを続けることはとてもむずかしく、苦しさを感じることもあるということを、洋菓子店の経営を通して学びました。

当時の私のように、仕事と子育てで、日々忙しく過ごしている女性も多いと思いますが、少しでいいので、自分の時間を持って心の余裕をつくることをおすすめします。


洋菓子店が大きなショッピングモール内だったこともあり、経営者の方をはじめ、多くの方と知り合いになる機会が増えました。そして、オープンから3年ほど経った頃、新たな事業についてのお話をいただきました。

それが「介護事業」でした。ちょうど洋菓子店の経営も落ち着き、自分の時間にも金銭的にも余裕が出てきた時に、新たなタイミングが訪れたのです。

介護事業立ち上げと熊本地震

当時、介護事業以外にもさまざまな事業のお話はいただいていました。
そのなかで、介護事業を始めようと思ったきっかけは、祖母でした。

母は私が23歳の時に亡くなりました。私の長男が生まれて2週間後のことです。若くして出産し、何もわからなかった私を母親代わりとしてサポートしてくれたのが祖母でした。

そんな祖母が病気になり、介護が必要な状態になったのです。産後、母の代わりに寄り添ってくれた祖母に何かサポートがしたいと思い、叔母や姉、父と共に祖母の介護に携わりました。

そんな時にいただいたのが介護事業のお話でした。

きっとこれも何かのタイミングだったのでしょう。それまでさまざまな仕事をお断りしていたのですが、介護事業だけは自分のアンテナが反応したのです。

もちろん、介護事業も知識・経験ゼロです。周囲からは「洋菓子店とはまったく違う事業をよくやろうと思ったね」と言われました。ですが、当時から思っていたのは洋菓子店も介護事業も、どちらも同じ「サービス業」です。人を相手にする仕事に変わりはなく、洋菓子店を始めた時と同じように進めていけば、きっと大丈夫だと思ったのです。

そうして、宿泊つきのデイサービス事業をスタートさせることになりました。

ただ、介護事業は洋菓子店と同じ「サービス業」ではありますが、「制度ビジネス」とも言われ、多くの法律に則り運営していく必要があります。そのため、知識ゼロで始めるのはとてもハードルが高い事業といえるでしょう。ですが、私が始めることになった事業所は、洋菓子店と同様にフランチャイズだったので、担当の方に相談をしながら進めることができました。

介護の需要が高い地域だったこともあり、定員10名の小さなデーサービスは、2年も経つと、他のお客様をお断りしなくてはならない状態になりました。

そこで、事業所を増やすことを決めたところ、ちょうど良い物件にも恵まれ、2店舗目、3店舗目まで、とんとん拍子に拡大。利用者様も増え、経営も順調に進みました。

ところが、4店舗目のオープンで大失敗をしてしまいます。

宿泊つきのデイサービスのない地域に4店舗目を作らないかと声がかかり、オープンさせたのですが、そこの地域ではお客様が集まらなかったのです。

原因は、これまでとは別のエリアに店舗をオープンしたことでした。介護事業所は各地に多数ありますが、それぞれエリアが分かれています。これまでの3店舗は同エリアでの立ち上げだったため、細かなリサーチをしなくてもお客様が集まる環境でした。

しかし、4店舗目では別エリアになるため、細かなリサーチが必要だったのです。これまでの3店舗で順調に経営ができていたため、4店舗目も大丈夫だろうと慢心があったのだと思っています。結局半年で撤退してしまいました。

介護事業での失敗で、経営をしていくうえでは、利益だけでなく多くの視点を持たなければならないと学びました。

その後、私の介護事業に対する意識が変わった出来事が起こります。

それは、2016年の熊本地震です。建物の崩壊や交通網の乱れ。多くの人が避難所生活を送ることになりました。

もちろん、私の事業所も被害を受け、建物は無事でも室内はぐちゃぐちゃな状態となり、事業所を閉鎖してもおかしくない状況となりました。しかし、そうすると高齢者である利用者様の行き場がなくなります。ご家族は避難所生活となるため、そこで介護ができるはずがありません。

そこで、私の事業所では1か所だけをなんとか整理し、そこに利用者様を集め、他に行くところがない高齢者の方も緊急で受け入れるなどの対応をしました。大災害が起こり、自分自身の身も守らなければならないなか、自分の家族を避難所に置いて出勤したり、遠くに避難をさせたりして事業所に泊まり込み対応してくれた社員もいました。

このような対応をしたのは、もちろん、私の事業所だけではありません。熊本の事業所すべてが同じ行動をしていました。備蓄がある事業所は不足しているところに物資を届け、断水中の地域に水を運ぶなど、この当時、自分達のことだけを考えていた事業所はなかったと思います。

大変な状況のなかで、人との繋がりのありがたさを実感しました。

熊本地震での経験を通し、介護事業に携わる人間としての責任や意義を考えるようになりました。

これまでデイサービスのみの運営だったのですが、利用者様と最後までお付き合いができるような、人生の幕が下りる瞬間までお世話ができる施設を持たなければならないと考えるようになったのです。

そこから、自社で有料老人ホームを立ち上げようと決意しました。

その時に大切だと思う方に比重をおく

当初、自社での介護施設立ち上げは、大きな規模で始めるつもりはなかったため、定員18名のデイサービスと10床の有料老人ホームが一つになった小規模の施設を立ち上げました。

ところがその3年後、新型コロナウイルスの流行があり、2つのサービスを同じ建物で運営するリスクが生まれました。

そこで、もともとの建物を19床の有料老人ホームに改装。施設から車で10分くらいの場所にデイサービスを移転しました。同時に訪問介護ステーションと訪問看護ステーションも立ち上げ、今もこのスタイルで運営を続けています。

何か一つのことを変わらず続けることも大切ですが、問題が起こった時に、今必要なものは何かを探り、柔軟に状況を変えていくことも経営を続けていくうえで大切だと思います。

これまで洋菓子店や介護施設の経営をしてきて、さまざまな問題が起こりました。しかし、そこで問題が起こっても「大丈夫」という気持ちを持つことが大切です。

大変な状況に陥った時、多くの人は「全然大丈夫じゃないよ」と思うことでしょう。２０２３年のＷＢＣの予選で、思うような活躍できない選手に対し、ダルビッシュ有選手が「野球がうまくいかないくらいで落ち込む必要はない」とおっしゃっていたそうです。人の何倍も努力してきたのに、望む結果が出ないことはとても悔しいはずです。それでもこのようなマインドを持てることが素晴らしいと思いました。心の持ち方で辛い状況も乗り越えていくことができるのです。

また、多くの女性が悩むのが仕事と子育ての両立だと思いますが、正直、どちらも完璧にこなすのはむずかしいことです。

私がしていたのは、「その時に大切だと思う方に比重をおくこと」でした。「子どもを優先したい」と思った時は、迷わず子どもを優先するべきだと思います。その時の状況に合わせて大切だと思う方に比重をおくことで、最終的に人生のなかでバランスが取れるものだと、子育てが終わった今、そう思っています。

洋菓子店を経営していた時、10代だった息子達の子育てに１００パーセントの力を注ぐことができませんでした。しかし、30歳を過ぎた息子達がある日、過去の私について、「仕事に対してブレずに誇りを持ってやっていたよね」と言ってくれました。一生懸命仕事をしたり、挑戦したりする姿は、子ども達や周りの人はしっかりと見ているのです。

これまでの人生を通して、家族をはじめ、多くの人に支えられて今があるということを深く実感しています。


「他力本願」という言葉があります。この言葉にマイナスなイメージを持つ人もいるかしれませんが、本来は「自分の無力さや傲慢さを知り、素直に助けを求めなさい」という意味があります。

私も、事業をするにあたって多くの人を頼りましたし、祖母や子ども達にも助けてもらいました。亡くなった母からも大きな愛情を受けていました。

困った時は誰かに頼ること。

もし、新しいことを始めようとか、何らかの行動をしたいと思った時、頑張ってすべて一人でやり遂げようとする必要はありません。ぜひ周りの人に助けを求めてみてください。

2人の息子も結婚をし、3人の孫にも恵まれました。これからは、支えてくれた家族へたくさんの恩返しをしていきたいと思っています。

多くの人の助けをもらい、今、私は幸せな日々を送っています。

あなたへの
メッセージ

「チャンスの波」が来た時に
迷わず乗ること。
間違えたら波を降りて
やり直せばいいだけ。そして、
群れない
媚びない
腐らない
自分の頑張りは、
自分がわかっていればそれでいい！

荒木 周子さんへの
お問合わせはコチラ

諦められなかった夢。
父の死を乗り越え
リラクゼーションサロンを
オープン。
家族の絆を紡ぐ
経営ヒストリー

ほぐし屋カモミール 代表
リラクゼーション業

五十嵐 愛

1986年、岡山県出身。リラクゼーション業に携わりたいという夢を抱き、東京の個人サロンで4年間スキルを磨く。妊娠、出産を機に地元・岡山県に戻り仕事復帰。父の死をきっかけに、母と薬膳と足つぼ整体ほぐしのお店「カモミール」をオープン。その後、妹が経営に参入し「ほぐし屋 カモミール」として店舗移転。業界16年、延べ2万9000件の施術を通し、体だけでなく心までケアできるサービスを日々提供している。

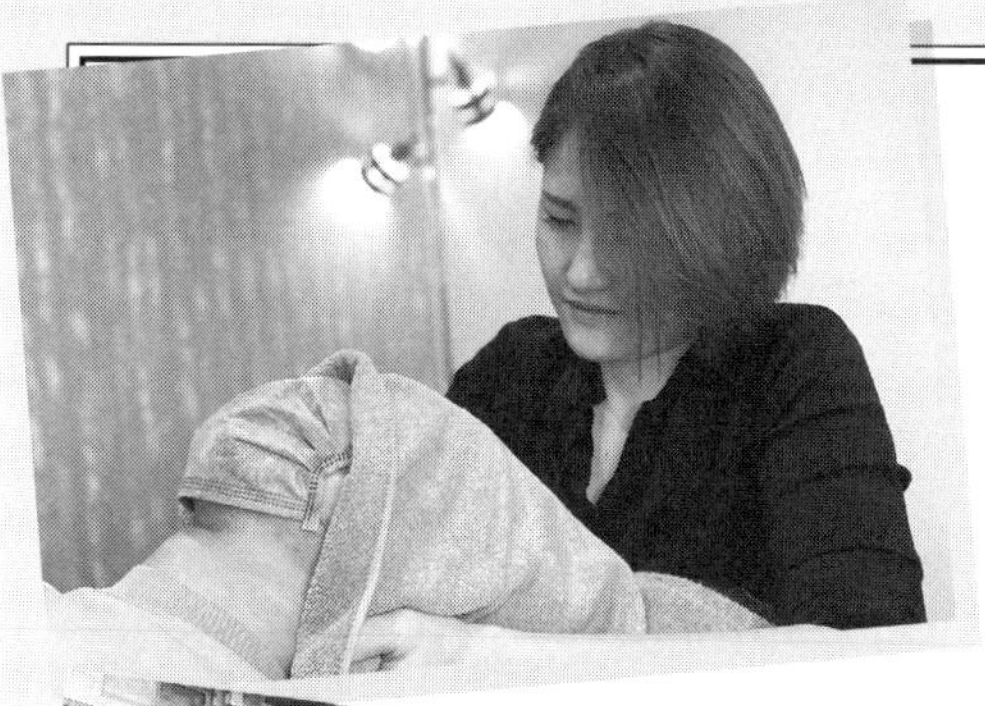

1日の
スケジュール

6:40 起床

7:30 娘と朝ご飯、学校への見送り
家の掃除と自分の支度

9:00 銀行、自分の時間

10:00 カモミールで仕事

17:00 仕事終了。娘と晩ご飯

19:00 再びカモミールで仕事

22:30 帰宅、パソコン作業と
お風呂

24:00 就寝

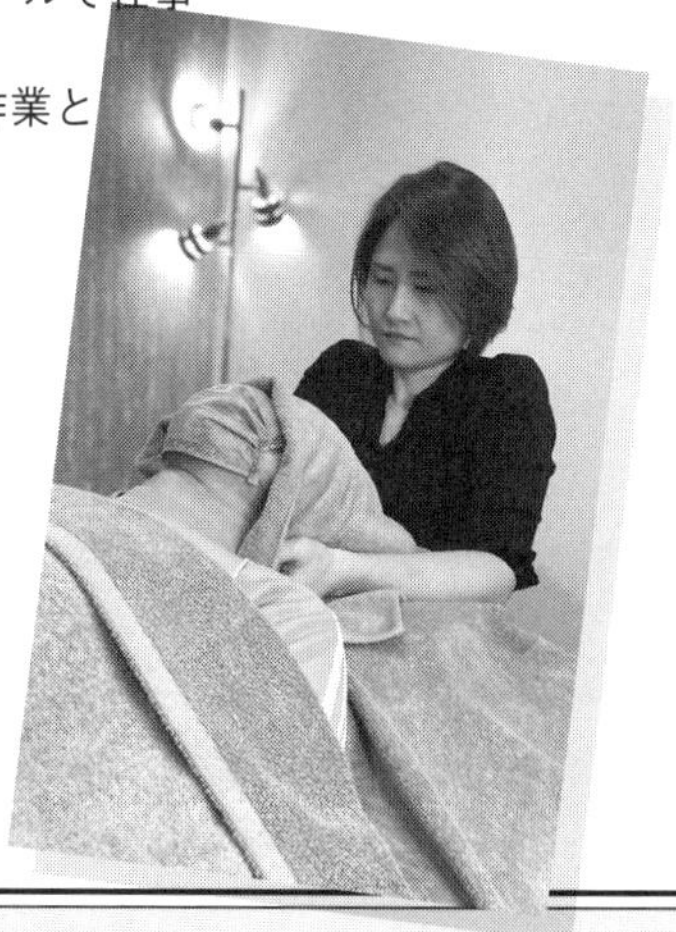

やりたいことは諦めない

高校を卒業し、岡山県に支店を構える痩身エステ会社に入社しました。夢だった美容業界でしたが、技術面やお客様とのコミュニケーションを学ぶなかで、自分が求めている知識だけが追いつかないまま、気づけば日々の売り上げとノルマをこなすだけの毎日と、伸び悩む業績。精神が押し潰されるまでに、そう時間はかかりませんでした。

結局入社から半年後、逃げるように退職してしまったのです。

その後、「仕事を辞めて、何もしないのも暇だから」と安易な理由でしたが、派遣に登録するため、とある派遣会社に足を運びました。そこでちょうど社員を募集しており、内勤として携わることになりました。

派遣会社では、登録スタッフにお仕事を紹介する業務が行われます。もともと人とコミュニケーションをとることが好きな性格もあり、お仕事の紹介をするなかで「五十嵐さんが紹介するなら、行くわ」と言ってくれるスタッフも多く、仕事に対して一旦失った自信を、少しずつ取り戻すことができました。

社内では支店長がクレーム対応をしていました。クレーム対応は、受ける側も精神的に負担になるものです。支店長の雰囲気でピリッとした空気が流れるのがわかるほど。支店長が不在の時は、私もクレーム対応をすることがあり、ある日、お世話になっている派遣元から大クレームを受けたこともありました。そんなことがありながらも、派遣会社での仕事にやりがいを感じていたのですが、日々の残業や責任、過労によるストレスで、髪の毛が一部抜けてしまったのです。

そんな状況のなか、癒しを求めて街を歩いていると、岡山駅構内のリラクゼーションサロンが目にとまり、吸い込まれるようにお店に通うようになりました。施術を受けていると、まるで息を吹き返すかのように心身の回復を感じ、脱毛も少しずつ改善したのです。

「私も、自分の手で人を癒したい」

これをきっかけに、美容業界に入り本当にやりたかったことは、痩身エステではなかったことに気づきました。痩身エステとは、セルライト（脂肪の塊）を小さくするために、機械を使って体をトリートメントする施術のことをいいます。一方、私が求めていたのは、自分の手（オールハンド）を使っての施術方法でした。

そんな胸の内を母に話したところ、「東京に行って勉強してきたら?」と、背中を押してくれたのです。母のひと言で決意が固まり、派遣先に別れを告げ上京しました。

上京後は知り合い宅に下宿し、リラクゼーションサロン数社の面接を受けますが、結果はどれも不採用。思うように物事がすすまない不安もあったのかホームシックになってしまい、諦めて岡山県に戻りました。

地元に戻り心が落ち着いたあと、再び自分の夢を見つめ直しました。

「自分がやりたいことなのに、挫折をしたまま人生を歩むことは耐えられない」

もう一度挑戦してみようと決意し、再び東京へ向かいました。すると、運よくご縁があり、女性社長が経営する大田区のリラクゼーションサロンに入社が決まったのです。

入社したのは個人サロンでしたが、予約が多い人気店でした。研修は足つぼマッサージから入り、もみほぐしの実習を経てようやくデビュー。思うようにできない自分が悔しくて、泣きながら手技を覚えた日もあります。それでも、自分の手で人を癒す仕事が楽しく、毎日が充実していました。テレビが壊れていたせいもあり、YouTubeを観ながら施術の勉強。東京に住んでいるのに観光などは一切せず、休日も仕事のことを考えながら過ごす日々でした。

社長との出会いで、リラクゼーション業界において必要な「本質」を学びました。

こうして4年間実績を積んだあと、結婚と出産を機に一旦業界を離れることになりました。

里帰り出産のため、実家のある岡山県に再び戻ったのですが、そこで大きな出来事が起こります。２０１１年３月の東日本大震災です。これをきっかけに、そのまま岡山で娘を育てることにし、東京にいる夫とは離れて暮らすことになりました。

小学校5年生まで広島県で育った私は、震災をきっかけに「原爆」の歴史が頭のなかを巡るようになります。ここで、より健康に対しての深掘りをしようと、子育ての合間に勉強を始めたのです。

そして、2012年6月。子育てが少し落ち着いたのをきっかけに、「和気鵜飼谷（わけうがいだに）温泉」施設内の整体ほぐし店で、仕事復帰をしました。足つぼマッサージや整体ほぐしを通してお客様の体と向き合うなかで、これまで得た知識をもとに、夢だった自分のサロンを立ち上げたいと強く思うようになりました。

そんな時、私が中学3年生から、母の連れ子を含め8人の子どもを育ててくれた父が、胃がんを発病。闘病の末、2014年に亡くなりました。生前の父は、「お店を出してみたら？」と夢を後押ししてくれており、以前から考えていた「母とサロンを立ち上げる」ことを決意。父の病気をきっかけに薬膳料理の教室に通っていた母と、2014年10月、薬膳ランチと整体ほぐしの店「カモミール」を立ち上げました。

やりたいことは諦めずに挑戦し続けることで、夢を叶えることはできるのです。

家族と共に。夢だったお店をオープン

お店の名前となった「カモミール」は、別名「植物のお医者さん」と呼ばれるハーブです。そばに生えている植物を健康にする働きがあり、母が好きな植物でもあります。また、父の死をきっかけに立ち上げたお店だったため、カモミールの花言葉である「逆境に耐える」という意味も込めて名づけました。

民家を改装し、薬膳ランチと足つぼ整体ほぐしの二足のわらじで歩み始めた1年目。常連のお客様からの口コミで、売り上げも右肩上がりとなりましたが、それまでには失敗もありました。

お店の開業にあたって、まず必要となるのが資金です。開業に必要な資金は、亡き父が助けてくれました。父が残してくれた「ロレックス」を質屋さんに預け、そのお金で店舗を借り、備品を揃え準備を進めることができたのです。

そして、開店当日。母と「開店日なのだから、きっと大賑わいになる」と思い込んでいました。ところが、いつまで経っても来客を知らせる玄関の鈴が鳴りません。「閑古鳥が

鳴く」とはまさにこのことです。

早朝から手伝いに来てくれた料理人の弟と妹も呆れ顔。母と、互いに顔を見合わせて笑うしかありませんでした。ここで集客の大切さを知ります。しかし、私の強みは「未来を変えるための行動力と、動きながら逆算して考える」ことです。開店当日の失敗をきっかけに、母と集客方法について話し合い、実践と反省を繰り返しました。

看板を作ったりチラシを配ったり、新聞広告を利用しての集客など、試行錯誤の日々。今思えば、事業を運営していくためのノウハウやビジネスモデルもわかりませんでした。それでも「お店を立ち上げる」という目的が、母と同じだったことが原動力となり、実現できたのだと思っています。

そんなお店の経営も2年が経った頃、「足つぼ講座」の講師の話が舞い込み、月1回の講座を担当することになりました。

お客様に施術するのとは違い、人に教えることのむずかしさを痛感し、逃げ出したくなることもありました。それでも、足つぼ講座を楽しみにして来てくれる生徒さんの顔が、やる気を繋ぎ止めたのです。講師業を通して自分自身と向き合うことの大切さを実感し、継続力が身についた2年間でした。

3年目に突入した頃には商工会の存在を知り、お店の雰囲気を一新するための設備投資として融資を受けることにしました。4年目は、店舗を「ほぐし屋 カモミール」とし移転オープン。もともと料理人をしていた妹がお店に参入することになりました。妹が料理の世界からリラクゼーション業界へ転身することに対しては、嬉しい反面、妹を支えられるかという心配もありました。

ですが、そんな心配はすぐに吹き飛びました。移転後は朝から晩まで予約でいっぱいになり、「仲良し姉妹が運営する予約の取れないお店」として名がつくようになったのです。お店が忙しくなるにつれ、妹と話す時間もあまり取れずに、衝突することもありましたが、妹はそんな時でも逃げることなく、向き合い続けてくれました。

事業をしていくうえで、妹はかけがえのない存在です。

事業も2024年で10年が過ぎ、多くのお客様や妹、家族に支えられ、「五十嵐愛」として育てていただきました。

「人が好き」「一人時間が好き」「統計学が好き」これらの自分の特性を活かしながら、お客様のお話（ドラマ）をうかがいます。人生で染みついた生活習慣や癖が、お客様の体にどのような影響をもたらしているのかを読み取り、スキルを高めてきました。

リラクゼーション業界に入ってから16年で得た知識と技術。これまで延べ2万9000

件の実績を経て今思うことは、セラピストは、お客様との向き合い方で宝石にも石にもなるということです。自分の考えを相手に押しつける頑固な「石」になるのか、自分と向き合い探究し、輝きを放つ唯一無二の「宝石」になるのか。私は後者でありたいと思っています。

セラピストとは、「自己愛」を開拓することです。自分自身と向き合い、自分を愛するのです。そして、お客様は自分に課題を持ってきてくれる大切な存在です。その課題とも向き合うことで、見えてくるものがあります。

形見は「形」に
形は「価値」に
価値を「思い」に
思いは「継承」していく

家族で集まるのが好きだった父。形見である「ロレックス」のおかげで、「カモミール」を立ち上げることができました。お店にはイベントがあるたびに家族が集まります。父も、きっと喜んで見守ってくれていると信じています。

養護施設での生活、亡き父から教わったこと

6歳の時に、両親が離婚しました。母は、私と兄、妹と弟の4人を育てるため、朝から晩まで働いてくれました。そんな母が、私が小学校1年生の時に体を壊してしまいます。病名は「劇症肝炎」。2か月の安静入院を強いられることになったのです。

現状をよく理解できないまま、きょうだいで連れてこられたのは、児童養護施設でした。

施設では、ご飯やお風呂の時間、起床・就寝時間など、1日のスケジュールがルーティン化されていましたが、娯楽室ではテレビゲームもあり、テレビを観て暇つぶしもできました。最初は母に会えない寂しさでいっぱいでしたが、人に囲まれる生活が当たり前になるにつれ、不思議と寂しさが湧いてくることは少なくなりました。

結局、小学校1年生から5年生までは広島県の養護施設、6年生から中学2年生までは岡山県の養護施設にお世話になりました。約8年間、子どもにとってはとても長い期間だったかもしれません。ですが、施設の先生方から大きな愛情を受けながら一般家庭では

経験できなかったことを経験することができ、人生のなかで大きな学びを得ることができました。

中学2年生になったある日、「おっちゃん」と呼んでいた人が、新しい父になることを母から告げられます。そして、中学3年生の春から岡山県の和気町にて、母ときょうだい4人、そして新しい父と新たに誕生した妹、7人家族として生活が始まりました。

当時の私は思春期です。何年も養護施設で育ったためか、うまく甘えられずに父を傷つけたこともあると思います。それでも父は、血の繋がらない私達に多くの愛情を注いでくれました。本当の子どものように愛してくれた父には、感謝の気持ちでいっぱいでした。人生において、尊敬する一人です。

そんな父に2012年4月、胃がんが発覚しました。手術のために剃ってしまったトレードマークの髭。髭のない父を見て一緒に笑ったのを思い出します。きっと、子どもたちを不安にさせないように見せてくれた笑顔なのでしょう。

この手術は無事に成功したのですが、半年後に転移、再発。手術が不可能な状態となり、みるみる弱っていく父を見ているうちに、ある言葉が言えなくなっていました。

「お父さんになってくれてありがとう」

父にそれを伝えてしまったら、明日にでもいなくなってしまいそうで、怖かったのです。そして、２０１４年４月。満開の桜が咲く暖かな日に、父は帰らぬ人となりました。桜の季節になるたびに、「お父さんになってくれてありがとう」が言えなかった後悔で胸が締めつけられます。

生きているうちにしか、言葉は伝えられません。父の死をきっかけに、お客様との向き合い方も変わりました。「一期一会」を大切に、「また今度でいいか」と思うこともすぐに行動するようになりました。

感情は生き物です。鮮度あるうちに後悔しない行動をすることが大切です。

父は、多くのことを教えてくれました。命は有限、人生は一度きりです。今以上に、目的を持って生きようと決意できました。人生の目的を決め、目標を設定する。決断に迫られた時は、わくわくする方を選択します。たとえリスクがあっても、その問題を解決した先に付加価値が待っているのです。

生きているからこそ決断ができます。

「決断できる幸せ」を感じ、今を大事に生きようと決めました。

人生は楽しんだもの勝ち

人の評価を気にするあまり、人から言われたことに合わせて生きてきたこともありました。ですが、それは本当の自分ではありません。人にどう思われるかよりも、自分が何をしたいのかが大切です。自分に素直に生きるだけで、人生が色づきます。

「自分の人生は、自分で創造するもの」。ココ・シャネルの言葉です。やると決断するのも自分、やらない決断をするのも自分。すべての決断は自分で行っていくのです。その決断にはどんな目的があって、どんな目標を立てて進むのか。グラスに半分入ったお水を見て、これだけしかないと「足りないこと」にフォーカスするのか、こんなにあると「足りていること」にフォーカスするのか。日常生活でも取り組めることはあります。食べるものや着る服、行き先、そして日々発する言葉。日常の小さな決断を通し、成功体験をつくることが、自信に繋がります。

じつは、2021年の年末、子宮がんの疑いがあり検査をしました。幸い、がんではなかったのですが、娘や私を支えてくれた妹を置いてこの世を去ることはできないと、より健康面を意識するようになりました。「食べ物が脳をつくり、脳が思考をつくり、思考が行動を変え、行動することで未来が創られる」と考え方が変わり、体質改善を行った結果、体脂肪12パーセント、体重7キロの減量に成功しました。

未来を変えるのは、「今をどう生きたいか」という思考と決断、そして行動です。そして、幼少期から多くの人と接してきて感じることは、「言霊」の力です。言葉は人をいい方向にも悪い方向にも導きます。だからこそ発する言葉、一つひとつを大切にするべきです。言葉を変えるだけで、人生が変わることもあるのです。

今後は、セラピストの育成と福岡県への店舗拡大を目標にしています。福岡県を選んだのは、リラクゼーション業の経験を積んだ東京の景色とどこか似ていたからです。東京で仕事をしていた頃の自分と比較し、今の知識と技術でどこまで通用するのか挑戦したいと思っています。どこにでもある「もみほぐし屋さん」ではなく、「あなたに施術してほしい」と言われるセラピストとして、これからもまい進していきたいと思っています。

「こんなこともあったねって、絶対笑える日が来るから」。5年前の店舗移転の時、妹と大きな扉を運びながらそう話したことがあります。その日が来るのを楽しみに、妹は今も苦楽を共にしてくれています。いい時も悪い時も、妹は私の支えです。これからも彼女と「人生楽しんだもの勝ち」という気持ちで生きていけたらと思っています。

本を手に取ってくださったあなたも、ご自分の人生を思いっきり楽しんでください。

あなたへの
メッセージ

「ない」ことよりも
「ある」ことに気づくだけ
で人生は変わる。
運には波がある。
どんな波が来ても
乗り越えるためには
自分を好きになり、
どんな選択も前向きに受け入れる
心を持とう。

五十嵐 愛さんへの
お問合わせはコチラ

パート面接不採用から美容サロン開業！自信喪失状態の専業主婦が経営者に転身し手に入れた新しい人生観

株式会社SAKURA beauty 代表取締役
シミケア専門店経営／講師

梅原 真理子

1980年、神奈川県出身。学歴・キャリアなしの元専業主婦。社会復帰を試みて履歴書を書くも不採用。自信をなくしながらも整体師の資格を取得し、大手サロンでの経験を経て自宅でサロンを開業する。その後本格的にビジネスを学び「シミケア専門店 SAKURA」をオープン。現在3店舗運営しつつ「SAKURA 式教育強化プログラム」を構築し講師としても活躍。2024年「SAKURA アカデミー」開校予定。地元紙掲載、ラジオ・TV 出演実績あり。2児の母。

1日の
スケジュール

6:30 起床、家事

7:00 子どもの学校準備と
送り出し、家事、身支度、

8:00 自宅サロンのオープン準備

9:00 スタッフとオープン準備、
朝のミーティング

9:30 業務開始

18:00 業務終了　電話、メールなどの事務作業

19:00 夕食準備、夕食

20:00 事務作業、資料作り

21:30 子どもの宿題をみる、
お風呂

22:00 子ども就寝、残りの業務

23:00 就寝

学歴・キャリアなし。専業主婦の挑戦

家事育児に専念するため専業主婦になり10年。子どもの成長を近くで見守ることができる何気ない日常に、幸せを感じながら過ごしてきました。

子ども達も少しずつ手がかからなくなってきたある日、そろそろ仕事に復帰しようかと思い立ちます。そこでふと気付きました。

「私には学歴もキャリアもない。できることが、何もない」

長い間社会から遠ざかっていたことで、再び仕事に就く自信をすっかりとなくしていたのです。しかし、生活していくためにはある程度の収入も必要です。不安を感じながらも社会復帰を試みました。

数ある求人のなかから最初に選んだのは、給食センターのパート勤務です。緊張しながら久しぶりの履歴書を作成し、近くのクリエイトに証明写真を撮りに行きました。

ところが、でき上がった写真にはシワやたるみが目立ち、くすんだ顔色で映る自分の姿。10年前の写真と比べると「おばさん」になってしまった自分を目の当たりにし、さらに社会復帰への自信がなくなったのを覚えています。

結局、履歴書を郵送して数日後、不採用通知が届きました。

大げさかもしれませんが、この時はまさに絶望です。もともと自信がないなかでの挑戦だったため、「やっぱり、私は何もできないんだ」と、落ち込みました。

社会復帰にあたっては、仕事面だけなく子どもと離れることにも罪悪感を抱いていました。このネガティブ思考も、物事がうまく進まない原因の一つだったのかもしれません。

そこで考えたのが、自宅で仕事をすることです。自宅で仕事ができれば、子どもと離れる必要がないと考えたのです。不採用通知が届いた後、自宅でサロンを開業することを決意し、整体学校に通うことにしました。

一見、安易にも思えるこの決断が、今の私の原点となっています。

子育てと両立しながらの勉強と、毎日の実技練習を重ね、無事に整体師の資格を取得。自宅サロンを開業に向けて、リラクゼーションサロンで働いてみようと面接を受けました。

面接の後半、若い男性面接官がこう言い放ちます。

「もう一回勉強をし直した方がいいですよ」

結果は即不採用。整体資格を取得し、自信を取り戻した直後の不採用はとてもショックでした。ですが、資格取得のために学費を支払ったこともあり、簡単に諦めることはできません。今度は大手リラクゼーションサロンの面接を受けました。しかし、ここでも面接官から厳しい言葉を浴びます。

「整体学校にはいくら払ったの？　そのお金、子どもに使ってあげた方が良かったんじゃない？」

今までの努力を全否定されたようで、悔しくて悲しくて涙が止まりませんでした。大人になって、泣くほどの思いをするとは思ってもみませんでした。

この面接官の言葉を聞いて、真っ先に浮かんだのは「また不採用か……」。自宅サロンの開業は諦めた方がいいのかと、途方に暮れました。

ところが、なんと3日後に「採用」の電話連絡が来たのです。

あの面接官の厳しい言葉は何だったのでしょうか。電話口で感情があふれ出るほど喜びました。自信がなくても諦めずに挑戦したことで、新たな道を開くことができたのです。

専業主婦だった頃の私と同じように、「自分には何もできない」「自信がない」そう感じている人は少なくないでしょう。そんな時は、新たな学びに挑戦することも一つの方法です。学びは自信を与えてくれます。そして、弱い自分と向き合うことでチャンスは訪れます。そのチャンスを取るも取らぬも、自分自身なのです。

自分を信じて突き進んだサロンオープン

大手リラクゼーションサロンで経験を積んだあと、念願のプライベートサロンを開業しました。初月の売り上げは３万円、翌月は６万円。小さな売り上げでしたが、パート勤務よりも時間効率が良く、子どもとの時間も十分に確保できました。ただ、売り上げやサービス内容に満足しきれていない自分がいたのも正直なところです。

お客様の悩みは多岐にわたります。私が運営するプライベートサロンは女性専用でしたので、ダイエットや美容面など、「疲れ」以外の悩みも多く聞かれました。お話をうかがうなかで、どうにか解決してあげたいと思うのですが、当時の実力で提供できるサービスには限界がありました。

そこで、整体技術のほかにリンパマッサージやダイエットを組み合わせた美容施術を取り入れることにしました。お客様の悩みを直接うかがい、その都度解決。このようにサービスを提供していくうちに、整体と美容を融合した新メニューが完成したのです。

その結果、ついに月売上30万円を達成することができました。

答えをくれるのはいつもお客様です。一つひとつの悩みに向き合い、生の声を真摯に受け取ることが、サービスの価値を生み出すのだと学びました。

ここからサロンの経営も軌道に乗り始め、安定した収入を得られるようになりました。自信がなかった過去の私なら、ここでひとまず現状維持を考えるところでしょう。ですが、この成功体験により、これまでの考え方に少しずつ変化が起こりました。

施術後に悩みが解決し、笑顔で帰られるお客様を見ているうちに、「まだまだ多くのお客様を満足させたい」という思いがさらに強くなったのです。

次に挑んだのは、当時の自分が悩んでいた「シミ」です。

サロンを訪れるお客様は美意識が高い方ばかりですが、そのなかに、同姓でも見惚れてしまうほど美しいマダムがいらっしゃいました。ある日マダムに「なぜそんなに綺麗なのですか?」と尋ねたところ、「シミをレーザートーニングで綺麗にしたのよ」と教えてくださいました。シミに悩んでいた私は「私もやってみたいです」と伝えたのですが、「あなたはまだ若いのだからやめなさい。紹介した方が白斑（皮膚の一部が白くなってしまう病気）になってしまって、紹介したことを後悔しているのよ」とおっしゃいました。

しかし、サロンで綺麗になっていく多くの女性を見ているうちに「シミを薄くしたい。綺麗になりたい」そんな思いが強くなっていったのです。

また別のある日、シミについての悩みを、ある一人のお客様にお話しする機会がありました。するとお客様は、「真理ちゃんがシミ取りのお店をやりなよ。真理ちゃんがやってくれたら通うよ」とおっしゃいました。私は、まるでその言葉を待っていたかのように「やります！」と即答。ここでもお客様が背中を押してくれたのです。

大切なお客様に宣言したからには、やるしかない。そんな思いでシミケアができるお店作りに挑戦しようと考えました。ただ、「シミ」となるとこれまで行っていた整体やダイエットメニューとは施術方法も異なります。

どうしたらいいのかわからないまま、まずはリサーチから始めました。

すると、出てくるのは「リスク・お金・不安」など、多くの課題ばかりです。

シミに関する施術は、使用する機器によっては、サロンでも対応可能なのですが、医療機関でしかできないとの認識を持つ方が多いです。そのため、失敗するからやめた方がいいと言われたこともあり、とても悩みました。私のためを思ってのアドバイスはとてもありがたいことでしたが、心配の声も受け止めつつ、前に進むことは止めませんでした。

それ以上に、自分と同じようにシミに悩んでいるお客様を笑顔にさせたいという思いの方が強かったのです。

調べるたびに出てくる課題は、納得いくまで一つずつ徹底的に調べ上げました。

その結果、安心安全に提供できる施術に出会ったのですが、実現するには高額な美容機器の購入が必要でした。

専業主婦の感覚が抜けきれないなか、まだまだ収入の少ないサロン。美容機器を簡単に購入できるほど余裕はありません。ただ、自分自身も機器を使ってみたい気持ちもあり、どうしても我慢することができませんでした。

美容機器を購入するため、思い切って美容ローンを組んだのです。

「毎月の返済は出来るのか？　返済ができなかったらどうしよう」という大きなプレッシャーがのしかかりました。この時は、「失敗しても自分で使えばいいし、近所のママ友にやってあげるものいい」。そう自分に言い聞かせながらの、大きな決断でした。

そして、２０２０年に「シミケア専門店SAKURA」をオープンしました。

当初、周囲に止められたサービスを始められたのは、自分を信じたからです。

悩んだ時は自分の心と対話し、わがままな気持ちさえも受け止め、自分を信じて行動してみてください。「もし失敗したら……」という不安に対しては、ポジティブな解決方法もイメージします。そうすることで「無理かも」と思えることでも前に進んでいけるはずです。

苦渋のオープンと市内一のシミケア専門店へ

「シミケア専門店SAKURA」のオープン直前は、新型コロナウイルスが大流行した時期でした。脳内は「不安」だらけです。そんな状況下でオープン日を迎えました。

不安はすぐに的中しました。

お客様にも喜んでいただきこれから多くのお客様を笑顔にできる、そんな幸せな思いもつかの間、1回目の緊急事態宣言が発令されたのです。

1か月間の休業。学校も休みとなり、子ども達も家で過ごすことになりました。

そのような状況でも、美容機器の支払いはすでに始まっていました。家族に迷惑をかけたくない。自宅の前に看板を出したばかりなのに、すぐに潰すわけにもいかない。悩みながらも、ただ静かに状況を見守ることしかできませんでした。

緊急事態宣言が解除され、戻ってきてくださるお客様もいましたが、感染が心配で来店を控えるお客様も多く、お店の再開後も心配は拭いきれませんでした。

解決策として選んだのは、インターネットを利用した有料の集客媒体です。自分では、多くの方にお店を認知してもらっていると勘違いしていましたが、そうではありませんでした。集客媒体を使ってより多くの方にお店を知ってもらえれば、自然とお客様の数も増えます。自分一人の力だけでは、できることに限界があったのですが、この経験から人を頼ることの大切さを学びました。

有料の集客媒体に掲載されたことで、サロンの認知度も広がり、経営も軌道に乗りました。一人では対応しきれないほどのお客様が来店し、売り上げも順調に上がったのです。お客様が綺麗になり笑顔を見せてくださることに、やりがいを感じる日々でした。

そんなある日、一人のお客様が心配そうな表情で声をかけてくださいます。

「真理ちゃん。すごく疲れているけど大丈夫?」あまり自覚がありませんでしたが、当時はお客様が心配するほど疲れていたのでしょう。

「疲れている姿を見せるのもプロとして良くないな」と、いよいよスタッフを雇うことを検討し始めました。しかし、人の雇い方なんてわかりません。知り合いのママ友に相談するなかで、息子が幼稚園の時に仲が良かったママ友が候補として浮上しました。ただ、何年も会っていないし仕事もしているだろうと、お誘いする勇気が出ずにいました。

ところが、ある夜のこと。なんと声をかけようか悩んでいたママ友から、3年ぶりに連絡が来たのです。「娘ちゃんの運動会の写真撮ったから送るね」と。「これが引き寄せの法則なの?」と、とても興奮したのを覚えています。今後のSAKURAを支える人材が現れた瞬間でした。タイミングが一致した時に引き寄せの力は生まれ、人生を変えるチャンスが訪れるのだと感じました。

「一緒にSAKURAを作ってくれない？」

覚悟を決め、事業に対する想いを彼女に伝えました。すると彼女は「楽しそう！」と笑顔で答えてくれたのです。ちょうど彼女は、体力的な問題から転職を考えていたところでした。これもまたタイミングが味方してくれた瞬間です。ただ、スタッフとして彼女にどのような仕事をお願いするかも決まっていない状態で、断られる可能性もありました。

それでも「今まで一人でやってきたから、何をお願いしたらいいか、何を任せていいかもわからないんだ……」と、自分の未熟さを正直に伝えました。

すると彼女は、「真理ちゃんがしてほしいことが私の仕事になるから」と受け入れてくれたのです。涙を浮かべ「ありがとう。一緒に成功させようね」と伝えたのは、今でも鮮明に覚えています。現在、彼女は当社の主要メンバーとして活躍。大切な戦力であり、心の支えとなっています。スタッフを雇い、守るものが増えたことで、より安定した経営をしていかなくては、という覚悟が生まれました。

長く事業を一人で続けていくことは、決して簡単ではありません。一人で仕事をしていると「こんなもんだよね」と自分で限界を作り、成長を止めてしまうからです。そんな時に仲間がいれば、自分だけでなく仲間の夢も叶える責任が生まれます。人の人生を背負う覚悟が成功へとつながっていくのだと、この経験を通して学んだのです。

ママ友が仲間に加わり二馬力となったことで、さらなる挑戦への勇気も生まれました。「この課題はどうする？」「お客様に喜んでもらうにはどうする？」一人では思いつかなかったさまざまなアイディアがどんどん湧き出てきます。アイディアが出るたびに、一つひとつトライしてきました。笑い、楽しみながらも真剣にサービスと向き合う。空き時間は、いつも仕事の話をしていました。

お客様が笑顔になること、綺麗になること、明るくなることを何よりも優先する。こうした考え方ができているのは、彼女のおかげです。「やってみたい」という無邪気さとガッツのある彼女を信じて、口座にあるすべての資金を投資し、新しい美容機器を購入したこともあります。結果大成功し、多くのお客様に喜んでいただける大人気メニューになりました。

もし、今も一人で経営を続けていたら、資金すべてを投資することはしなかったでしょう。経営には分析力が大切ですが、直観と感情が後押ししてくれることもあります。直感を信じることが、時として未来の成功につながることもあると、彼女から学びました。

そして、市内一のシミケア専門店へと成長することができたのです。

仕事の本質と人としての在り方

自宅にサロンをオープンさせてから、5年。経営者としての責任とチャレンジ精神旺盛な性格もあり、2021年には2号店、さらに2022年「株式会社SAKURA beauty」を設立し、3号店をオープンしました。そして、2024年には「シミケア協会SAKURA アカデミー」を開校予定。8名のスタッフとともに目標に向かい「株式会社SAKURA beauty」は走り続けています。

自宅サロンは1階が店舗で、2階が事務所兼プライベート部屋になっています。自宅サロンでは、夕方になると「お腹すいた！」と、元気な子ども達の声と、スタッフの「おかえり！」の声が響きます。スタッフの7割は子どもを持つお母さんです。その温かい対応のおかげで子ども達も寂しさを感じることなく過ごせています。店舗が増えても、安心してお店を任せることができるスタッフには感謝の気持ちでいっぱいです。

そして、新たな挑戦も始めています。実体験で学んだノウハウをたくさんの方に共有し、キャリアに悩む方へのヒントになればと、セミナーを開催しています。決して人前で話すことは得意ではありません。きっかけは、スタッフから「セミナー受けているみたい。すごーい！」と言ってもらえたこと。多くの方にチャンスがあることを知ってもらえるなら、声がかれるまで話し続けます。人生はチャレンジの連続、楽しまなきゃ損です。

普通の専業主婦だった私が経営者になったことで、人生において大切な学びを7つ手に入れました。

・人とかかわる以上、自分に責任がある
・すべての事に意味がある
・感謝を忘れない
・ビジネスはWIN-WINの関係性で成り立つ
・再現性を出すにはしっかり向き合い言語化して伝え、気持ちの共感を持つこと
・当たり前のことを当たり前だと思わない
・行動した人だけがチャンスをつかめる

たとえ大きなチャレンジであっても、細分化して一つずつクリアしていけば確実に前に進んでいけます。小さな進歩を認めることで、継続できるメンタルと結果を手に入れることができるのです。やってやりましょう。第二の人生を。

あなたへの
メッセージ

母でもできる・女性でもできるを
叶えるために！
「やりたい」を大切に！
いつでも挑戦する意識が、
自分の限界を突破する。

梅原 真理子さんへの
お問合わせはコチラ

始まりは
一冊の「夢ノート」。
人々の日常に彩りを与える
カフェ経営ができるまでの物語

株式会社KOFS 代表取締役
カフェ4店舗経営

澳津 美菜

1982年、徳島県出身。専修大学商学部マーケティング学科卒業後、カフェを開きたいという思いを抱き、アルバイトをしながらカフェ運営のノウハウを学ぶ。2年後の2007年、徳島市に「CAFE KOFS（カフス）」をオープン。2015年子育てママをターゲットにしたカフェに移転オープン。現在は徳島県内に4店舗まで拡大。「何歳になっても仕事も家庭も楽しめる会社」をビジョンに掲げ、社員のために日々模索を続けている。

1日の
スケジュール

5:00　起床

5:20　出勤・KOFS STAND
羽ノ浦店でお弁当作り

6:30　帰宅・自宅で家族と
朝食・子どもたちの見送り

8:00　家事・自宅でのデスクワーク

10:30　CAFÉ KOFS阿南店へ出勤

12:00　CAFÉ KOFS徳島本店へ出勤

15:00　THE PLAIN SWEETSへ出勤

16:30　各店舗へ商品納品

17:30　帰宅　夕食作り

18:30　夕食・入浴

19:30　自宅でのデスクワーク

21:30　就寝

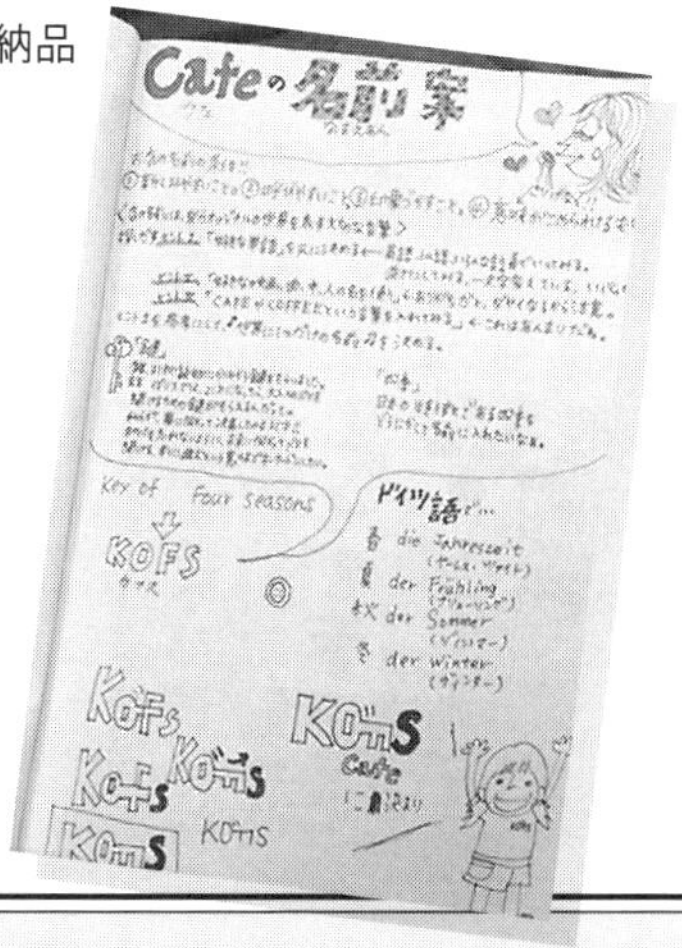

夢実現のための「夢ノート」

「カフェを開きたい」。カフェ巡りが好きな人なら、一度はそんな夢を持ったことがあると思います。私もその一人です。そして、実際に夢を叶えました。カフェを開きたいという、溢れる思いをカタチにできた、ちょっとしたコツをご紹介します。

私は徳島県阿南市にある、母が営む写真屋の長女として生まれました。いわゆる町の商店街の一角。自宅がお店だったこともあり、毎日「いらっしゃいませ」「ありがとう」の声が飛び交うのが日常の光景で、仕事と家庭を分けるというより「共存」という表現があっていたように思います。

18歳になると、母は「いつも視野を広く持つように」と、東京の大学進学を勧めてくれました。ですが、この頃はなりたい職業もなく、担任の先生から「経営学部か商学部に行け」と、受験する学部すら言われるがまま選択したほどです。受験も特に苦労することなく合格し、上京しました。

東京は、田舎娘の私にはとても刺激的なまちでした。同時に、今まで「何もない」と思っていた地元・徳島県が、とても魅力のある場所だということに気づかされたのです。

就職が目前に迫った大学3年生の冬。合計40社の会社説明会や面接、試験を受けながら、「一度きりの人生、本当にこれでいいのか?」と疑問を抱き始めました。

そして、21歳の誕生日に、留学帰りの親友から一つの鍵をもらいました。「イギリスでは成人のお祝いとして、21歳の誕生日に親から子どもに、大人への扉を開ける鍵をプレゼントするんだよ」と。この鍵を手にしたとき、「一度きりの人生、やりたいことに思う存分挑戦してみよう」と、心に決めたのです。その日から就職活動をすべてやめ、夢に向かって今しかできないことを一冊のノートに書き始めました。

まずノートに書いたのは、今の会社名でもある「KOFS(カフス)」という名前です。この名付けこそが夢を実現できたコツの一つだと思います。KOFSとはKey Of Four Seasons(四季の鍵)という造語の略。四季折々のおいしい旬の食材を使い、ここに来たらほっと一息つけるような場所にしたい、来てくれたお客様の心の扉を開けられる鍵のようなお店になりたい。そんな思いを込めて名付けました。名前が決まると、お店誕生までのわくわく感が増し、現実に存在する証として心に刻み込めます。この世にお店を誕生させるためのパワーの源です。店名や社名の思いが強いほど、夢実現の近道になるのです。

次にノートに書いたのは、「いつかやるは一生来ない」という、自分自身へのメッセージです。1日24時間、時間は平等に与えられます。やろうと思っていることをつい後回しにしてしまう自分が、一歩ずつ着実に前に進むために、また、言い訳を受け止めるための言葉として残したのです。そして、言霊の力を借り「お店を開く」と口に出し続けました。

私のノートは何でもありの「自由ノート」です。こんな料理を提供したい、こんな家具に囲まれたい、こんな制服を着てみたいなど、想像力は無限大。「楽しそう」「こんなお店に行ってみたい」と思えるようなアイデアをどんどん書き留めていきました。

せっかく東京にいるのだからと、ベンチマークの記録としてもノートを活用しました。このカフェは駅から何分で、近くに何があるか。客層は、メニュー数は、味は、サービスは……。さらに、ありとあらゆる細かな点を、お客様目線で書き留めました。たとえば、おしぼりは紙か布か、価格は妥当か、メニューの種類は、ラテの温度は適温か、ドリンクの量は、ホットミルクティーのミルクは温められているか、お冷を入れるタイミング、食後のドリンクのタイミング、居心地のよい空間か。お店に足を運んだ人しかわからない細かな気づきを自分なりの「うれしいポイント」として書き込んでいったのです。

そして、ノートの最後には、3年後の日付を入れました。日付まで具体的に書き出すことで、今やるべきことは何か、その日を目標に逆算しながら考え行動することができます。カフェをオープンした24歳の自分を想像すると、わくわくが止まりませんでした。

それが「夢ノート」の始まりです。

夢をカタチに。困難があっても行動し続ける

大学卒業後は、地元・徳島県に戻りアルバイト生活を始めました。じつは当時、「カフェを開きたい」と言いながら、カフェで働いたことがなく、エスプレッソマシーンを眺める程度の経験しかありませんでした。そこで、開業までの3年間のうち2年間は、とにかく経験を積むために、60席ある人気のカフェで働き始めました。ありがたいことに1年目で店長となり、運営のノウハウや人のマネジメント、数字への意識など、座学では学べない多くのスキルを習得させていただきました。開業へのラスト1年は、カフェの仕事をしながら、お酒の知識をつけるため、深夜にBARのアルバイトへ。週1回の休日は、お店の物件探しと金融機関をまわりました。毎日の睡眠時間は1~4時間程度でしたが、当時はどう過ごしていたのかよく思い出せないほど疲れを忘れ、充実した毎日を過ごしていました。

そんなある日、市内の住宅街にある空き倉庫の内見をすることに。物件を見た瞬間、多くのお客様で賑わうイメージが湧き、賃貸契約をしました。

そして24歳の春、カフェ「KOFS（カフス）」が誕生しました。21歳の時「夢ノート」に書いたことが、現実のものとなったのです。

ですが、大学卒業してまだ2年で貯金は少なく、十分な開業資金を準備するのはむずかしい状況でした。店舗の内装は壁紙も貼れず、鉄骨のさび落としからペンキ塗りまで、自分達でしなければなりません。設備は、夢ノートに書いた店舗のイメージとはかけ離れたものでした。立地は大通りから一本奥に入った住宅街。オープンの花輪を出してもまったく気づいてくれないような場所です。そのため、来店するのは友人や知り合いの方ばかりで、経営も厳しい状態が続き不安な日々でした。集客をするにも、当時の情報発信といえば、SNSのｍｉｘｉかブログが主流であり、容易な時代ではなかったのです。

そんなある日、1冊のタウン誌にお店を取り上げていただくことになりました。これがきっかけで、今まで閑古鳥が鳴いていた店内が一気に満席に。ここからようやく、私の思いがあふれたカフェ運営がスタートしたのです。

連日満席になるほど、多くのお客様が来店するようになった5か月目、新たな問題が起こります。駐車場として借りていた土地が契約終了となってしまったのです。飲食店、特に田舎の郊外店舗において、駐車場がないことは死活問題です。また、営業時間がランチから夜中の12時までということもあり、話し声や車などの騒音により、ご近所とのトラブルが多くなっていきました。電話でのご指摘や、お客様の車にいたずらをされることもあり、心が擦り切れる毎日を過ごしました。思いとは逆方向へ進んでいくなか、それでもくじけず前を向いてこられたのは、お客様はもちろん、いつも応援してくれる母や、共に働く仲間の存在でした。飲食店は、一定の規模を超えると一人での運営はむずかしい労働集約型のビジネスです。だからこそ、人の力が大切です。仲間が同じ志を持つことで、何事にも代えられない未来をつくる力となるのです。「お客様を喜ばせたい、こんなお店にしていきたい」。共通の思いを持った仲間づくりに注力したことで、さまざまな困難に立ち向かうための元気と勇気をもらい行動できました。結果、ご近所や周囲への配慮をするための対策を行い、問題を乗り越えることができたのです。

そして、オープンから9か月目。これからもっとお店を盛り上げようとしていた矢先、妊娠しました。喜びと同時に「お店をどうしよう」という不安にも苛まれましたが、スタッフのフォローのおかげもあり、無事に出産することができました。ただ、経営者ですので、産休・育休はありません。出産後すぐに復帰し、育児と仕事の両立がスタートしました。1歳までは母乳で育てたい思いもあり、首が座るまではカウンターで寝かせ、スリングでの抱っこやおんぶをしながらお店に立つ毎日でした。

このように、仕事と育児を両立できたのも、やはり仲間の助けがあったからです。ママになったからといって、決して仕事を諦める必要はなく、固定概念を捨て、やり方を変え、工夫をすることが大切だと、この経験を通し改めて感じました。

働くことが楽しいと思える組織づくり

子どもをおんぶしながらお店に立つことが日常の光景となった頃、客層が変化していきました。急激に、赤ちゃんを連れたママさんの来店数が増えたのです。当時（2008年）は、学生時代にカフェに行く習慣のあった女性のお客様が、出産・育児をする年代になった頃です。「カフェに行きたいけど、子どもがいると行けない」そんな潜在ニーズがあったのです。私が赤ちゃんをおんぶし、営業していることが口コミで広がり、「赤ちゃんを連れて行けるカフェ」いう認識がされていきました。そして、育児の悩みをお客様と共有し、さまざまなサービスの提供を始めました。お客様が持参した離乳食を温めたり、ミルクを作ってお渡ししたり、オムツ替えの場所とオムツ専用のゴミ箱を作るなど、ママのためにできるサービスをどんどん取り入れたのです。

同時に、階段や手すりの幅、座席の構造など小さなお子様にとって危険な箇所も気になり始めたのですが、費用もかかるため手につけることはできずにいました。

この頃から、「お客様の希望するサービスをもっと提供したい、ほっと一息つける場所にしたい」と、店舗移転を考えるようになったのです。

長男を出産後は、次男、長女と3人の子宝に恵まれました。2人目、3人目の妊娠・出産の間にも、再び夢ノートの続きを書き始めました。

まず、仕事と育児の両立には、時間のマネジメントが重要だと考えました。それから土地探し、資金繰りから毎日の店舗営業。こんなお店があったら……。仕事と育児を両立させながらの経営はきっと楽ではないでしょう。ですが、夢ノートを書きながら、心の底からやってみたいという思いと、「楽しそう」というわくわく感が、当時の原動力だったように思います。そうして、「絶対に喜んでくれるお客様がいる」と信じ、カフェのターゲット層を子育てママさんに絞りました。経営においてターゲットを絞ることは、とても勇気のいることです。しかし、ターゲットを明確に絞ったことで、お店のコンセプトが決まり、商品やサービスがどんどん湧いてきました。

そして、下の子が保育園に入るタイミングで、本格的に移転の計画を立て始めました。タイミングよくご縁があり、当時の店舗から1キロ離れた場所に移転が決まり、2015年12月、県内初の有料キッズルームがある「CAFE KOFS徳島本店」をオープンしたのです。移転前は40席ほどの規模でしたが、移転後は60席ほどに増やし、スタッフの数も10人弱から一気に25人近くまで増員。30台の駐車場も完備し、連日満席になるほど多くのお客様に来店していただけるようになりました。

同時に問題も浮上しました。一番の問題は、これまでのオペレーションや管理の仕方ではまったく通用しないということです。まず戸惑ったことが予約です。

以前の店舗では、予約はほとんど入らなかったため、メモに記入する程度で済んでいました。そのため「カフェに予約をする」という概念が私にはなく、電話対応や管理方法などを決めていませんでした。オープンと同時に店の電話がひっきりなしに鳴ることになるとは、想像していなかったのです。それにより、予約を多く取りすぎて未予約で来店いただいたお客様をお待たせしてしまい、駐車場が混み合ってしまうトラブルもありました。

席案内や料理の提供でも、毎日のように問題が起き、不安ななかでの再スタートでした。

ですが、このような不安な気持ちを前向きに変換し、スピード感を持って対応できたのは、やはり仲間の力です。堅苦しい「ＰＤＣＡを回す」というよりは、超実践型でプランを立て実行し、「うまくいかなかったら次はこれでいこう」と、改善を繰り返しました。

こうして、人間力の高いスタッフがさまざまな困難に対応し、経験を積み重ねていくのを目にしながら、少しずつ「組織運営」を意識するようになったのです。

組織運営の第一歩として、まずは法人化です。働くことが楽しいと思える会社にしたいという思いを体現するため「株式会社 KOFS」を設立しました。「一人ひとりが光輝き、夢を描ける未来を創造します」の理念のもと、スタッフ全員が「自分の行きたい店ナンバー1」を目指し、前向きに働くことでキラキラと輝き、わくわくする未来を描ける世の中にしたい。子どもたちにも希望にあふれた未来を創造してほしい。そのために、スタッフの能力を最大限に活かせる場づくりに力を入れていきました。

スタッフ一人ひとりと向き合うと、すばらしい能力を持っていることに気づかされます。その能力を活かしてさまざまなサービスに挑戦し、店舗数も増やしていきました。

基準は、心が動くかどうか。根底には「こんなお店があったらいいな」という思いがあります。一生に一度の感動を提供するお店というよりは、毎日の生活に寄り添うような、「日常に彩り」を与える店舗運営をしていこうと決意し、いつもそこにある安心感と手軽さ、生活の一部にKOFSがあると思ってもらえるよう、食というコミュニケーションを大切に取り組んでいきました。

そうして、KOFSの理念に共感し、働いてくれる仲間が50人弱にまで増えました。県内にカフェ2店舗、クレープとお弁当のテイクアウト専門店1店舗、アイスと焼き菓子のお店1店舗。計4店舗のステージで、スタッフそれぞれが思いを持って働いてくれています。

問題があることに感謝をする

振り返ると、起業してからさまざまな問題に直面してきました。そのなかでも非常に苦しかったのが、2020年から流行した新型コロナウイルスです。飲食業界も大打撃を受け、「外食すること＝悪いこと」というレッテルが貼られたことで客足もパタッと止まり、本当にすべてを投げ出したいと思いました。ウイルスの正体もわからず、死が身近に迫っているような感覚。その苦しい時期を乗り越えられた要因は、3つあります。

1つ目は、お店を運営していくための「借入金」があったことです。当時の店舗運営は何が正解かまったく見えませんでした。それでも、借入金の返済をしながら、スタッフの安全と生活を保つための行動は止めなかったのです。まず、ターゲットは変えずに、提供する場所と商品、サービスを変えることで、お客様の「あったらいいな」を追求しました。

緊急事態宣言のなかで、ママさんのお困りごとは1日3度の食事です。そのお手伝いはできないかと、すぐにテイクアウト商品の開発に着手しました。お弁当をはじめ、お家でご飯を炊くだけでOKな「おかずボックス」や、日常を彩るオードブルの販売。注文方法も電話だけなく、ネット注文システムを導入しました。飲食店営業から菓子製造業まで行っている強みを活かし、食事からスイーツまで1店舗で受け取れるよう無料のGoogleフォームを使っての予約受付も開始しました。お客様とスタッフの安全を考慮し、店内も非接触で注文いただけるよう注文パッドを設置。お客様との関係が希薄にならぬよう、注文パッドには「食後のドリンク持って来てください」を伝えるボタンや「離乳食あたためボタン」「テーブル会計ボタン」など、さまざまなサービスを選択できるように設定しました。借入金がなければ、このような対策を思いつくことなく逃げ出していたかもしれません。

2つ目は、同じ思いを共有した仲間の存在です。KOFSのスタッフは気づきの能力が高く、お互いに心置きなく休めるよう、自主的に勤務体制を整え、サービス内容の提案も積極的に行ってくれました。お客様に喜んでいただきたいという思いが強いメンバーであることに、改めて気づかされたのです。

このような体制をつくるために大切なのが、人財育成だと考えます。KOFSでは、厨房・接客の担当を分けず、どのポジションでも仕事ができる「オールオッケースタッフ」の育成に力を入れています。そうすることで、スタッフの急なお休みにも対応でき、安定的にお店を運営することが可能となりました。「みんなのために」という思いで仕事をしてくれるスタッフに、感謝の気持ちでいっぱいです。

そして3つ目は、「こうなりたい」というビジョンを持ち続けることです。一人の力は本当にちっぽけで、何もできないからこそ、ビジョンは誰よりも強く持ち続けました。

ビジョンは「未来への道しるべ」です。たとえ険しい道でも、毎日少しずつできることを積み重ねることで、かならず達成できると信じています。

私個人のビジョンは、「あー楽しかった」と、後悔のない人生を送ること。また、その思いを共に働くスタッフにも感じてもらうことです。

会社のビジョンは「飲食業界の当たり前をぶち破る！　平均年収を上げ、年間休日も確保。何歳になっても仕事も家庭も楽しめる会社にする」ことです。そのためには、粗利を稼ぎ、しっかりと適正利益を確保する。やりがいを持ち、人間関係が良好な職場にする。そして、年を重ねても活躍できる職場をつくることが必要です。現状ではむずかしいことばかりですが、それでも常に自分に言い聞かせています。ビジョンを掲げたということは、毎年どんどんやることが増え、忙しくなるということです。だから毎年「今年が一番暇」と思い、目の前にある「面倒くさい、今はしたくないな」と思ったことこそ行動していこうと思っています。

これまで、さまざまな困難が次のステップへと成長させてくれました。

問題があることに感謝し、一歩踏み出す勇気こそが、理想の未来を描くことができると、信じています。

あなたへの
メッセージ

みんなとの出会いのすべてが
私の宝物。
人に恵まれ、
支えられてここにいる。
ここに生まれたことが
偶然であり必然。
私にしかできないことが
かならずある。
あとは一歩踏み出す勇気だけ。

澳津 美菜さんへの
お問合わせはコチラ

資金ゼロ、知識ゼロから起業。音楽療法を通し子ども達と家族が満たされる居場所づくりを目指す経営者の物語

株式会社みーおん 代表取締役
障害児通所施設運営（重症心身障害児）

河出 美香

1969年、岐阜県出身。3歳からピアノ、8歳からお箏を始め、ピアノ講師、リトミック講師、お箏の師範を取得。演奏活動やピアノ教室を開講するなかで「音楽に言葉はいらない」という考えのもと、音楽療法士の資格を取得。40歳の時に大学へ進学し教員免許を取得後、重症心身障がい児対応の放課後等デイサービス「みーおんの森」を開設し、音楽を通して子ども達の支援を行っている。

1日の
スケジュール

7:00 起床・ストレッチ
8:00 施設開所の準備
9:00 施設開始時間(出勤)
16:00 施設退勤
17:00 音楽教室開始時間
19:00 帰宅
19:30 夕食
21:00 入浴
23:30 就寝

音楽療法との出会い

皆さんは、「ピアノを弾く」と聞くと、どのようなイメージを持たれますか？　ピアノの練習、コンサートや発表会などの演奏、伴奏など、多くの方は楽譜を見ながら（もしくは暗譜して）弾くイメージを持たれるのではないでしょうか？　しかし、私は少し違っていました。楽譜を使うのは通っていたピアノ教室の課題曲を弾く時のみで、普段は聴いたことがある曲を思い出したり、流れている曲を覚えたりして弾いていました。

高校は志望していた音楽科に入学できたのですが、家庭の事情ですぐに転校し、働きながら定時制の学校に通うことになりました。それでも、音楽の勉強は欠かすことなく続け、社会人になってからは、働きながら、自宅でピアノ教室を開講しました。

ある日、子どもを連れた母親がピアノ教室に来室されました。

「この子は音楽が好きでピアノを習わせたいのだけれど、入れる教室がなくて」

そう不安げに話す母親から、子どもが自閉スペクトラム症だと聞きました。自閉スペクトラム症の症状は個々によってさまざまですが、コミュニケーションの取りづらさを感じることが多いとされています。母親から、周りからの偏見に対する悩みや子どもとの向き合い方を聞いているうちに、なんとか力になれないかと思いました。

音楽は字の通り「音を楽しむもの」です。私は母親に、コミュニケーションが取りづらくても、レッスンは可能であることを伝えました。私の教室では、生徒一人ひとりのニーズに合った音楽を提供したいとの思いがあったからです。

この子はその翌週からレッスンに通うことになりましたが、レッスン風景を遠くから見ている母親の、朗らかなまなざしは忘れられません。

これをきっかけに、子どもの障がいについて深く学びたいと感じるようになりました。

障がいについて学ぶなかで、「音楽療法」というワードを目にすることが増えました。

音楽療法とは、「音楽のもつ生理的、心理的、社会的働きを用いて、心身の障害の回復、機能の維持改善、生活の質の向上、問題となる行動の変容などに向けて、音楽を意図的、計画的に使用すること」と記されていますが、音楽を通して子ども達へ働きかけをしたいという私の考えと同じでした。

これをきっかけに、音楽療法を学びたいという思いが芽生えたのです。

そんななか、岐阜県が自治体初の「音楽療法士の養成コース」を作ったという新聞記事を見つけ、心が動きました。「今しかない」と思い、意を決して養成コースを受験し無事に合格。週2回、3年間通えることになりました。

実は、音楽療法士になろうと思ったきっかけがもう一つあります。私は7歳の時に、母を亡くしました。それを機に家族の生活は一変。当時1歳だった妹は親戚に引き取られ、私は祖母に育てられることになりました。私の引き取りを拒む親戚のやりとりを耳にし、母を失った悲しみと孤独を感じるなかで、祖母だけが唯一の味方でした。

しばらくして、妹と再び暮らせるようになったのですが、祖母は幼い妹のお世話で忙しくなり、一緒に過ごす時間がほとんどなくなってしまいました。仕方のないことですが、7歳の私には、唯一の味方を失い孤独な生活が始まるような不安を覚えました。父はホテルマンという職業柄、土、日は不在だったため、休みの日は家に引きこもっていました。

育ててくれた祖母にはとても感謝していますが、この頃は幼いながらに生きる楽しみを失いかけていたのも事実です。それを癒してくれたのがピアノでした。ピアノを弾いたり聴いたりしていると寂しさが和らぎ、穏やかな時間が流れるのを感じたのです。

幼少期に音楽に助けられた記憶を思い返したことで、生きづらさを感じている人や、困っている人の手助けはできないだろうか考えるようになりました。

音楽療法士の資格を取得した後は、地域の病院や学校に出向き、活動を始めました。

音楽療法は、技法だけではなく、正直な気持ちで謙虚さを忘れず寄り添うことが大切です。実践をしていくなかで、もっと活動の場を広げ、子ども達に寄り添った音楽療法を提供したいと思うようになりました。もともと人に教える仕事をしたいと考えていたこともあり、教員免許を取得しようと考えたのです。

思い立ったらまず実行です。迷わず大学へ進学しました。40代、働きながらの通学でしたが、無事に4年間で卒業し、小学校教諭と幼稚園教諭の免許を取得しました。大学在学中は、特別支援学校の高等部で音楽療法のアシスタントとして携わりました。

そんなある日、特別支援学校の小学部の保護者から、「個人的に音楽療法をやってもらえないか」と声がかかりました。当時、小学部では音楽療法の授業が行われておらず、個人セッションをして欲しいとのこと。もちろん、喜んで引き受けました。

ところが、いざお会いしてみると、今まで関わってきた子ども達と様子が違います。

その子は「重症心身障がい児」でした。見る、聞く、話すなどの当たり前だと思っていたことができず、意思疎通もむずかしく、体も思うように動かせない姿を見て、新たな思いが芽生えました。「重い障がいを持った子どもに音楽療法ができる場所を作りたい」と思うようになったのです。

音楽をきっかけに音楽療法に出会い、子ども達や保護者から多くのことを学ばせていただきました。好きなこと・やりたいことには迷いなく突き進んできたことで、本当にやるべきことを見つけられたのだと思います。

資金ゼロ、知識ゼロからの起業決意

30代後半の私は、子育てをしながら、県の音楽療法研究所にて過去の実践記録をもとに実際に検証し、まとめる仕事をしつつ、音楽療法士として活動を続けていました。活動をするなかで、音楽療法用の楽器や設備の足りなさに不安を感じるようになりましたが、予算の都合もあり、どう工面しようかと悩んでいました。

そんな時、研究所の所長から「創業補助金」というものがあることを教えてもらいました。思い立ったらすぐ行動するという性格なので、すぐに個人事業主として開業届を提出し、補助金の申請をしました。書類を作成する仕事をしていたため、書類作りはすべて自分で行い、何度も相談窓口に通い、補助金の採択を受け取ることができました。

しかし、問題はここからです。事業の運営についての知識が一切なかったことに気づいたのです。

どうしようかと思案していた時、商工会議所で「創業スクール」が開講されることを知りました。ちょうどこの頃は、国の女性活躍支援の取り組みが積極的になっていた時期です。「今までやってきたことをしっかりとした形にするチャンスかもしれない」。そんな思いを抱き、創業スクールに参加しました。

スクールに通っていたある日、チームメイトから障がいのある子ども達が利用できる「放課後等デイサービス」という事業があることを聞き、衝撃を受けました。

これこそ、音楽療法を通して取り組んできたことが活かせる場所だと直感したからです。すぐに、情報をくださった方の会社に足を運び話を聞くと、その方はなんと60歳で現役サーファーをしながら福祉事業をしているという、異例な経歴の持ち主でした。

「こんな畑違いなサーファー親父だけど、障がい児への思いは人一倍。私にも始められたのだから、河出さんならもっと素敵な施設ができますよ」。そう背中を押してもらったことで、起業に向けて本格的に前進しようと決心したのです。

決心したら、あとは行動するのみです。翌日には県庁へ出向き、起業の相談窓口へ。2か月後に会社を設立、半年後には放課後等デイサービス「みーおんの森」を開設しました。

開設まで順調だったように見えるかもしれませんが、実際はすべてが手探り状態でした。

最初に困ったのは、資金面です。貯金がほとんどない状態で事業をスタートしました。

まずは、創業補助金を活用し、自宅1階の駐車場部分を改築。快く許可してくれた夫には感謝しています。施設で使う備品も、かなりの出費が必要だったのですが、たまたま近くのショッピングモールが閉鎖。そこを管理していた友人が、不要になったマットや机などの備品を譲ってくれることになり、多くの備品をほぼゼロ円で揃えることができました。会社設立に必要な資本金は2～300万円でしたが、さすがにそれは用意することができず、自分の車を売って資本金に換えました。

さらに資金面で問題となったのは、人件費です。開設してすぐは利用者さんがいないため、収入がほとんど見込めません。それにもかかわらず、開設初日から管理者や保育士などの職員を4人以上配置する必要があるのです。少なくとも年間1000万円を用意しておくことが必要だと考えました。

考慮した結果、金融公庫から融資を受けて、事業のスタートをすることになりました。お金を借りることに不安がなかったわけではありません。しかし、事業を進めていくには、1年間の赤字は想定し、給料や経費などの支払いができるくらいの資金調達は当たり前で、仕方がないことだと気持ちを切り替えました。

このような経緯から、お金を借りることに対して過剰な不安を持たないことも大切だと考えています。我が家の場合、夫の収入で生活ができていたので、生活資金面での不安がなかったのも良かったのかもしれません。万が一、返済ができない状態になっても、私がパートなどで働き返済していけばいいという、楽観的な気持ちでお金を借りました。

起業するにあたっては、資金面をはじめとして、さまざまな不安を感じるものです。私もこの通り、余裕のある状態で起業したわけではありません。

それでも夢を実現することができたのは、やりたいことを理解し、協力してくれる家族や友人がいたからです。

何かやりたいと思ったら、すぐに行動するのは当たり前ですが、まずは家族や友人など身近にいる人から、起業に対する理解を得ることが大切です。私の場合は、まず夫からの理解を得るため、事業についてのプレゼンテーションをしました。

娘に寂しい思いはさせたくなかったため、娘の塾の送迎はもちろん、休日は、できる限り娘と過ごしました。余談ですが、起業前に大学に通っていた頃は、小学生だった娘と机を並べて宿題や課題に取り組みました。娘には、母親として、一緒に学んだ同士として、そして起業家としての背中を見せることで、理解を得たつもりです。

最強の味方になってくれた夫と娘、応援してくれる仲間との信頼関係を築くことができたおかげで今があると思っています。

また、起業前の事業計画は大切ですが、起業後も現状を見るだけでなく、先の見通しを立てることも大切です。1か月後、3か月後、半年後。そして、1年後はどうなっているのか。季節の変化一つでも、色々なことが見えてくるものです。

大赤字での事業スタートから黒字化へ

放課後等デイサービスには、軽度（軽いという意味ではないです）障がいと、重症心身障がい（以下、重心）の2つの業態があります。最初にピアノ教室で出会った子は軽度で、次に出会った特別支援学校の小学部の子は重心でした。

私の施設は軽度の施設として開設したのですが、利用者さんのほとんどが重心で、医療的ケアが必要な子ども達もお預かりしていました。

ここでも問題が起こります。

利用者さんも増えてきたし、人材も揃っている、運営もうまくいっているはずなのに、なぜか収入面が安定しないのです。毎月100万円の大赤字が続きました。

自分の給料をもらっては、会社の通帳に戻す、の繰り返し。ギリギリの状況のなか、「私も助けられたから、今度は私が助けるね」とお金を貸してくれた友人や「給料の支払いはいつでも大丈夫だから一緒に頑張りましょう」と言ってくれたスタッフもいました。

多くのサポートを受けながらなんとかやりくりをしていたのですが、とうとう借入金も底をつきてしまいます。

赤字の大きな原因は人件費でした。とはいえ、人件費だけは削ることができません。職員がいなければ、十分な療育だけでなく、もっとも提供したい音楽療法ができなくなります。人件費を削ることは施設の閉鎖を意味するのです。

では、どうしたらいいのか。そもそも、うちは「軽度」の施設でありがなら、「重心」の子ども達をお預かりしていました。そのため、利用者さんからいただく利用料よりも、人件費の方が多くなってしまったことが赤字の原因です。それを解決するためには、一人あたりの利用単価の高い、重心の施設に業態を変更する必要がありました。

当時、重心児対応の施設は病院運営がほとんどで、民間で立ち上げるのはむずかしいと思っていましたが、大赤字をきっかけに色々と調べ、県などにも相談した結果、民間でも嘱託医や看護師を置けば、運営可能であることがわかりました。さまざまな手続きを経て、県内初、民間での重心児対応の放課後等デイサービスに業態変更することができたのです。

これをきっかけに収益が伸び始め、あっという間に黒字に転換することができました。そこからは、余剰金が出るほどの売り上げとなり、施設で使う楽器やおもちゃなどはもちろん、スタッフの給与や賞与面も充実させることができました。

実は、業態を変更する手続き中、毎月100万円の赤字で借入金が底をつくなか、既に受け取った補助金の一部、金額にすると約3000万円を国に返還しなければならないという、降って湧いたようなトラブルにも見舞われました。人一倍ポジティブで、転んでもただでは起きない性格の私でも、この時ばかりは身も心もボロボロになりました。生まれて初めての「八方ふさがり」を経験し、施設の閉鎖も考えました。

何も悪いことをしていないのに、なぜこんな仕打ちを受けるのかと、自分の力のなさに落胆している時、重症心身障がい児の団体の代表の方が、手を差し伸べてくれました。

私個人の力では行政の窓口に異議申し立ての電話さえ繋いでくれなかったところ、団体名でアポイントを取ってくれ、同行までしてくださったのです。

半年間にわたり、国、県、市と何度も面談し、開けてみたら行政の手違いということが判明。返還どころか、足りなかった分を受け取れるまでになっていました。諦めていたら、借金だけが残り閉鎖に追い込まれていたかと思うととても恐ろしいですが、一人の力では越えられない壁も、複数の人の協力があれば乗り越えられることも学べました。

協議中には、利用者さんのご家族から、「こんなにアットホームで、家族のように接してくれる施設がなくなるなんて考えられない」「子どもの行き場がなくなると困るから、頑張ってほしい」「署名活動をして、保護者の気持ちを行政に届けるから、とにかく閉所しないでほしい」などと、多くの応援をいただきました。ご家族やスタッフ、支えてくれる方のお陰で、「今やっていることは間違いではない」と信じ続けることができたのです。

些細な出会いも「種まき」をして大切に育む

大赤字でスタートした事業も、現在は軌道に乗り、多くの方に安心して利用いただける施設に成長しました。利用者さんの居場所を少しでも増やしたい思いから2号店の開所や、今よりも規模の大きな施設を作ることも考えたことがありますが、現状は会社の規模を大きくすることはやめ、今の施設のクオリティを維持していくことを重点に考えています。

今、もっとも大切に考えているのは、スタッフとその家族が潤うことです。

スタッフがいつも笑顔で過ごせていれば、施設を利用する子ども達やその家族にもプラスのエネルギーが伝わります。結果として、皆が楽しい日々を送ることができるのです。

ただ、私は3か月後、半年後、1年後、さらには3年後、5年後といった形で、常に今後のビジョンを考え続けています。周りの状況に合わせ、その時に必要なサービスを提供していけたら、というのが今の思いです。

人生においては、どんな出会いも決して無駄なものはなく、自分自身の財産・資源となります。その思いから、出会う人すべてに「種まき」をしています。

皆さんも普段、何気なくお茶やランチをする友人はいませんか？　友人とのたわいもない会話から、知らなかった情報を知ることができ、新しいことを始める時のヒントになることがあります。話を聞いてくれたことに感謝され、助けてくれることだってあるのです。

というのも、私が大きな壁を乗り超えられたのは友人のおかげだからです。仕事で他県の施設に赴いていた友人が、私の発信した「八方ふさがりで困っている」というつぶやき見てその施設で話題にしてくれました。すると施設の運営者が偶然、障がい児団体の会長さんで、その日のうちに連絡をくれるという、奇跡的な出会いをもたらしてくれたのです。

奇跡と書きましたが、日頃からお互いの仕事の話をしていたことも大きかったでしょう。

だから、どんなところにも種をまいて、水を撒いて、肥料をやる。雑草を抜いて、花が咲いたら「素敵だね」と声掛け、実がなったら収穫する。おいしくいただいて、また種をまく。たとえ些細な出会いであっても、大切に育むようにしています。

私は起業を決意するまで、実際に運営する施設も見たことがなく、経営の知識や経験もありませんでした。それでも、わからないことはまず調べたり相談したりして問題を一つずつ解決してきました。会社の立ち上げから、スタッフとともに経験しながら学んできたのです。悩むよりも先に行動することで、結果はついてくると思っています。

今、何かに悩んでいる皆さんも、一歩踏み出す勇気を持ち行動することで、新たな変化が起きるかもしれません。

あなたへの
メッセージ

些細な出会いでも
名刺交換やSNSで繋がる。
一つひとつの出会いを大切にすれば、
いつかあなたを助ける存在に
なってくれるはずです。

河出 美香さんへの
お問合わせはコチラ

東京から沖縄へ。海と共に子ども達を育む保育園オーナーが、逆境を乗り越え本当の強さを見つけたストーリー

株式会社Laule'a Ocean 代表取締役
保育施設運営

木内 清佳

東京都出身。自然豊かな八王子で野生児のように育つ。中学の頃に耳にした沖縄独特の音楽に心を奪われ、短大卒業後に沖縄へ移住。25歳の時にダイビングインストラクターに転身する。おひさまと海が大好き。パワーと癒しを与えてくれる自然の素晴らしさを子ども達に伝えたい思いから「心も身体も逞しく。目指せ！野生児」をモットーに2011年「わんぱくしーさー保育園」を開園。その後、放課後児童クラブ2園を開園する。

1日の
スケジュール

7:00　起床・シャワー・朝食

9:15　保育園出勤

9:45　主に事務。日によって海遊びなどの引率

18:00　保育園退社

18:30　帰宅し、愛犬達の世話

19:30　経営者たちとの
会議や懇親会

24:00　帰宅・自分時間

25:30　就寝

直感は魂からのメッセージ

東京生まれの私にとって第二のふるさと、沖縄。ここには「琉球音階《りゅうきゅうおんかい》」という、古くから伝わる独特の音階があります。中学の頃、たまたま耳にしたそのメロディーに魂が激しく揺さぶられました。それが沖縄との出会いです。あの日からこの地に思いを馳せるようになり、そして、強く惹かれるようになりました。

現在、保育施設を複数運営していますが、原点は、幼稚園の卒園文集に書いた将来の夢「幼稚園の先生」。この頃から、子どもに携わる仕事をしたいという夢は変わらず、保育園・幼稚園の先生に憧れ、保育の短大に入学しました。

卒業後は、短大での学びを通して途上国の子ども達を支援する仕事に興味を持ちました。ただ、快適な実家暮らしから、いきなり治安や衛生環境が悪い土地で生活をすることは勇気がいるため、少しずつステップを踏み、準備を進めていこうと考えました。

まずは、家を出て自立することが第一段階。ここで、中学からずっと憧れていた沖縄移住を果たしました。

第二段階は、環境の整った先進国に一人で行くことでした。オーストラリアに渡り、ホームステイをしながら現地の幼稚園で働かせてもらう留学プランに参加しました。

そして、第三段階。ここで途上国へ行く計画だったのですが……。人生にはさまざまな分岐点が訪れるものです。オーストラリアから帰国後、24歳の時に突然思い立ち、保育からダイビングインストラクターの道を目指すことにしました。

「直感を信じて、思い立ったら即行動。ウダウダと悩まずに、ひらめいたらまずやってみる。もし壁にぶつかった時は、また考えればいい」。これは私が常に抱いている考えです。

この「即行動派」の性格のおかげもあり、初級のランクからプロのランクまで2か月ほどでのぼりつめ、さらにショップの立ち上げにまで携わることになりました。そして、ダイビングインストラクターとして経営に携わるなかで「いつか保育園をつくりたい」という夢を持ち始めたのです。

しかし、ここで神様は、成長させるための試練を私に与えます。

もともと自己肯定感が低く、常に他人軸で生きてきました。メンタルの弱い性格にもかかわらず無理をしすぎた結果、次第に身体と心を壊し、重度の鬱病を発症。感情のコントロールができない状態となりました。食事もできなくなり、体脂肪率は一桁まで落ちました。ついには命を絶ちたい衝動に駆られ、意識不明となり救急搬送。その後、強制入院となってしまったのです。

数か月間、外の世界から遮断された入院生活を送り、少しずつ穏やかな心を取り戻し始めました。同時に、再びインストラクターに戻るか保育士に戻るか、この先の未来を考え悩みますが、いくら考えても答えは出ませんでした。

そんなある日、子ども達と海で遊んでいる夢を見ました。キラキラとした海と子どもたちの笑顔は今でも鮮明に覚えています。目が覚めた瞬間、これだ！　と思いました。子ども達に海遊びを教える仕事をすれば、大好きな海と子ども、どちらにも携われる。それは魂が震えるほどのひらめきでした。

鬱の症状がピークの時は、笑うことも眠ることもできなくなり、人との接触すら恐怖でした。店に仲間が集まると、シャワールームに逃げ、みんなが帰宅するのをうずくまりながら待つ状態でした。当たり前にできるはずのことができないことが、どれだけ苦しいか。生きる意味もわからなくなっていた私に、「もう一度輝きたい」気持ちが芽生え、鬱から抜け出すための勉強をし、自分と向き合い出したことで、徐々に光を取り戻していきました。

それから1年3か月後の２００８年６月『体験型託児サービス　わんぱくしーさー』をオープン。29歳の時でした。試練のなかでも、直感を信じ行動したことで、自分のやりたいことを始められたのです。

試練は私への挑戦状

晴れてスタートした一時保育専門の託児所は、おもに観光客を対象に、子ども向けの海遊びプランを用意。託児のなかでも、子ども達に沖縄の海をめいっぱい楽しんでもらえるシステムをつくりました。当時はIT系の会社でトレーナーの仕事もしており、二束のわらじでしたが、多忙ななかでもやりがいのある日々を送っていました。

一時預かりの託児所を運営していくうちに、子どもの成長にもっと長く携われる保育がしたいという気持ちが芽生えました。地元・沖縄の子ども達を対象とした保育園をつくりたいと考えるようになったのです。ただ、この頃はIT系の仕事にもやりがいを感じ始めていた時期でした。託児所は「趣味の延長」くらいの気持ちで運営していたため、保育園開園は、遠い夢として、諦めの気持ちの方が大きかったと思います。

そんな折、ダイビングショップ時代からの友人が、沖縄で福祉事業の展開を考えているという社長を紹介してくれました。友人は「いつか保育園を立ち上げたい」と語った私の夢を覚えていてくれ、その社長を繋げてくれたのです。降って湧いた話に、諦めかけていた夢への思いが呼び起こされたのでした。

紹介から約1年後、社長が出資者、私は「雇われ園長」として保育園を開園することになりました。開園時期も決まり、3年半ほど勤務したIT系の会社を退職。開園までの準備期間3か月は、貯金を切り崩しながら生活しようと覚悟を決めました。

しかし、試練はここでも訪れます。

開園決定の1か月後、社長と決裂。出資者である社長が、蓋を開けてみたら資金がなかったことが理由でした。保育園の立ち上げを宣言して退職した手前、今さら元の会社に戻ることもできません。どうにか保育園開園を実現させようと考えますが、当時の貯金は100万円程度。保育園を開園するには到底足りません。まず物件を借りる必要がありますが、保証人もいない。この無謀な挑戦は、誰にも相談することができませんでした。

そんなある日、ふとひらめいたのが法人設立でした。株式会社の意味すらわかりませんでしたが、法人にすれば、代表者が物件の保証人になれる可能性があることを知ったのです。法人設立のメリット・デメリットも勉強不足のまま、まずは「物件を借りる」という目的だけで、法人登記に踏み切りました。そして、2011年8月15日『株式会社 Laule'a Ocean』を設立。法人設立を思いついた日から、わずか10日後のことでした。「思い立ったが吉日」という言葉がありますが、私の生き方はまさにこの言葉そのものでしょう。

わずかな貯金は会社の設立資金で半分となり、第一ミッションである物件を借りることはできたものの、契約資金で残りの貯金も使い果たしました。それでも、ペンキ塗りから床の張替えは自分で行い、なんとか保育園が運営できる形にまで完成。同年11月15日に晴れて『わんぱくしーさー保育園』を開園することができました。職員5名と園児3名。これから当面の間、自分自身は無給を覚悟してのスタートでした。

そんな矢先、自宅の契約解除通知が届きます。大家さんが物件を使うため、半年後の契約更新をせず立ち退いて欲しいとの内容でした。ギリギリの状態で会社を立ち上げたばかりで、自分の引っ越し資金を用意するのは、とてもむずかしい状態でした。

結局半年後、私はホームレスになりました。まさかこんなに豊かな時代の日本に生まれてホームレスになるとは。園長という立場で、車中泊をしながらの出勤。そんな日々もすぐに限界がきて、電気も水道もない友人所有の空き店舗に寝泊まりしていました。

これだけではありません。重度の鬱病を克服した後に開園した保育園の経営は、私に更なる苦しみと辛さを与えました。もし、鬱病を克服していなかったら、苦しさに負けて命を絶っていただろうと思うほど、次から次へと試練が襲ってきたのです。

一生懸命経営をしているつもりでも、経営者としての未熟さからさまざまなトラブルが続き、その影響で職員の入れ替わりが頻繁に起こりました。その度に自分を責め、自信を失い、現実から逃げたい衝動に駆られます。それでも、この保育園を信じて利用してくれる園児や保護者。職員が入れ替わるたびに頭を下げると「まだ始まったばかりなのだから、時間をかけて創り上げていけばいいよ」と背中を押してくれた保護者もいました。応援してくれる方のために、一日でも長く保育園を継続しようと自分に言い聞かせました。それでも、心は折れ、ボロボロ。愛犬との夜の散歩の時間には涙が溢れてくる毎日でした。

他人軸だった当時は、周りの目を気にし過ぎるあまり、他人の態度や言動に一喜一憂していました。ある日の日記にはこう書いています。

「他人の行いや態度・言動に感情が揺さぶられるのって、もったいない。自分が大人になって、器を大きくして、余裕のある対応ができる人になりたい。相手に理解してもらおうとするのではなく、相手に理解を示せる人になりたい。泣いても苦しんでも明日はまた来る。私には転職することはできない。休むことも、通勤拒否もできない。笑顔でいなければいけない。園長という役職にいることを忘れずに、そう振る舞わなければいけない。腹をくくって、立ち向かえ私」。押しつぶされる日々の中で強くなりたいと願った結果、本当の感情を抑え「鉄の仮面」をかぶることで、強くなろうと決めたのです。それが本当の心の強さではないということに気づいたのは、だいぶ後のことでした。

悩みは現場の統率だけに留まらず、金銭面でも途方に暮れていました。園児数は順調に増えていたのですが、そもそも資金ゼロからのスタートであったため、資金がうまく回っていなかったのです。専門家に経営相談をしたくてもその費用さえなく、どう経営を立て直したら良いのかわからずにいました。

そんなある日、とあるコンサル会社が企画した経営革新計画のセミナーがあることを知ります。経営革新計画とは、事業計画が自治体から承認されると、さまざまな支援が受けられる制度です。コンサル会社の「無料経営相談」に釣られて参加し、45万円のコンサルを契約。経営革新計画を取得するための事業計画書づくりが始まりました。

まずは、コンサルタントに会社の展望を説明し、計画書を作成してもらいました。しかし、仕上がってくるのは自分の思いとかけ離れた内容で、何度修正をお願いしてもしっくりきません。やりとりもスムーズにいかず、せっかく支払ったコンサル料は諦めることにしました。その後、産業振興公社に出向き、助言を受けながら自力で書類を作成。そして、2014年10月、無事に経営革新計画の承認を受け、新聞にも掲載されたのです。

それから、公社の担当者が書類作成から金融機関への同行までをサポートしてくださり、無事に資金調達が完了。会社としてようやく機能し始め、そのタイミングで地元商工会にも入会することになりました。

試練とは苦しいものです。しかし、それを乗り越えた時、確実にステージアップができます。「試練は成長のチャンス」と考え、諦めない心が大切だと今、実感しています。

人生は運ではなく、行動が作る

紆余曲折はありながらも、園児は順調に増えていきました。保育園は、ビーチまで歩ける距離に開園したため、磯観察や海水浴、釣り、シュノーケルやグラスボート乗船など、さまざまな海遊びを実施。ほかにも味噌・しょう油・こんにゃく・梅干しの手作り体験など、他園では行われていない保育活動も多かったことから、その評判は口コミで拡大し、他市町村からも多くの子ども達が通ってくれるまで成長しました。

ここから、会社の規模を拡大するために2園目の開園に向けて始動しますが、タイミングではない時は、思うように計画が進みませんでした。物件契約があと一歩のところで破談になったり、邪魔が入ったりするのです。まるで「今じゃないよ、もう少し時を待って」と言われているようでした。

ですが、うまくいく時はとんとん拍子に進んでいきます。

2園目、3園目は、小学生を対象とした「放課後児童クラブ」を開設したのですが、自分の直観とタイミングを信じられるかどうかが、成功のカギだったと思います。

理屈ではなく、感覚として「今だ！」という時に決断し行動したのです。

ただ、決断と行動は、絶対にモチベーションが上がっている時にする必要があります。「モヤモヤ」ではなく「ワクワク」した心。プラスのエネルギーが十分にチャージされている時に、成功のタイミングが訪れるのです。

私の場合、気分がモヤモヤとしている時は、家の中の掃除・断捨離をし、氣を変えることを意識します。落ち込んでしまった時や、もっとパワーアップしたい時は海へ行きます。海は私にとってのパワースポットです。自分自身で気持ちを切り替えられる場所や物事を持つことは大切だと思っています。

自分軸であるために、自分の感情は自分で整えていくのです。


保育園を経営するなかで、多くの出会いに恵まれるようになりました。

県内の園長先生や、商工会を通した経営者との交流が増えたことで、悩みや情報を共有できる、心の拠りどころができたのです。「孤独な経営者」から、仲間ができたことで、たびたび起こる試練も解決しやすくなっていきました。

また、自分の事業所だけでなく、地域や業界をより良くしたいという思いを共有できるようになったことも大きな変化でした。

支えてくれる家族や従業員のためにに何ができるか、どうしたらみんなが豊かになれるか。そのような考えを共有できる仲間ができたことで、自分自身の視野も世界も広がり、多くの刺激を貰えるようになったのです。いくら強い人間であっても、一人では生きていけません。時にはぶつかり合いながら、認め合うことで成長し、共に生きる喜びに繋がっていくのだと思います。

仲間の大切さを職員や経営者達から教えてもらいました。

またこの当時、経営を学ぶ学校にも通い、経営者が持つべきマインドとして「お客様が最も大事である」ことも学びました。それからは、経営で判断に迷った時「それが子ども達のためになるか」を軸に答えを出すようになりました。職員たちに何か伝える時にも、子どもたちの心身の成長にどう繋がるのかを話す意識をしています。

職員個人の利益や損得に目を向けてしまうと、現場の考えはバラバラになります。経営を学ぶ前、実際にそれが何度も起こりました。職員全員が「子どもの利益を最善にすること」を共通意識として持つことで、やり方は個々で異なっていたとしても、園としての方向性はブレずに進んでいけるのだと教えていただきました。

職員とともに目標を達成するためには、経営者として学び続けることも大切であると実感しています。

生きる意味と使命に気づくと人生が変わる

私にとって起業とは、人生を賭けた闘いでした。「人生を賭ける」ということは、いわば「自分の命を使って仕事をする」ことと考えています。起業当初、それを「命を削ること」だと捉えていたのですが、それがいつしか「自分の命を輝かせること」であると気づきました。誰もが自分の身を削って仕事や育児するなかで、時には辛さを感じることもあるでしょう。しかし、それは自分の魂を磨き、命を輝かせているということなのです。

そして自分一人でできることには限界がありますが、人と力を合わせると、不思議なことに不可能も可能に、夢も現実になっていくのです。地道な一歩も、持続すれば大きな一歩となり、大きな夢も見られるようになっていきます。そして自分が輝くことで、それがまた誰かを輝かせることにも繋がっていきます。誰かのためにではなく、まずは自分のために一生懸命生きることが、結果的に周りを輝かせると考えています。

物事がうまくいかない時、ただ自分を責めては深く落ち込み、「もっと頑張らなくては価値がない」と追い込んでいました。それが自己肯定感の低さからくる思考であるとわかってからは、自分を責めず「どうして自分はこういう感情になるのだろう」「そういう気持ちになることもあるよね」と内観し、受け止めては手放すことを徹底しています。

これを繰り返していくうちに、徐々に自分を愛せるようになりました。

本当の強さとは、鉄の心を持つことではなく、「自分を信じる力＝自分を愛する心」を持つことです。柔軟でしなやかな心があれば、どんな状況でも受け止め、学びに変えることができます。本当の強さを手に入れたことで、過去の経験を糧にできたのです。

自分を変えられた今、こうして過去を振り返ると、当時と違った景色が見えます。この経験が誰かの生き方のヒントになれるなら、悪くない人生だなとようやく思えるのです。

「自分のことを好きになる」。たったそれだけのことができなくて、命を断ちたいと思うほど苦しんだ日々。自分のことを好きになれたらどれだけ人生が楽になるか、身をもって体験したからこそ、子ども達には自分軸・自己愛・自己肯定感・自尊心・自分を信じる力を育んで欲しい。これが、私の「命」を使ってできる「使命」だと感じています。

生きていると、良いこと・悪いこと、さまざまな出来事が起こります。試練の連続だった時、父からはよく「ゲームだと思いなさい」言われていました。

そう、これは壮大な人生ゲームです。簡単にゴールできてしまったら面白くない。一歩進んで二歩下がるぐらいが、ちょうどいいのです。

一度きりの人生、めいっぱい楽しまないともったいないですよね。

あなたへの
メッセージ

常に魂の声を聞き、
ワクワクする心の直感を
大切にして行動してきた。
それはいつも、
ほんの少しの勇気と
一歩の繰り返しだった。

木内 清佳さんへの
お問合わせはコチラ

父子家庭、
施設育ちから
ラウンジ経営者に
登りつめるまでの軌跡。
夢を叶えるために
大切にしてきた想い

株式会社YUKICHI.CO 代表取締役
ラウンジ経営

佐藤 侑希

1990年、福島県いわき市生まれ。小学1年生の時に両親が離婚し父子家庭に。双子の妹と共に児童相談所や里親などにお世話になる。学費を貯めて入学した専門学校は3か月で退学。アルバイトをかけ持ちし、やりたいことを模索するなかで水商売に出合い、自分のお店を持つと決意。2016年、25歳の時に「ラウンジアメジスト」をオープン。2022年には法人化。同年に2店舗目となる「アメジストＶＩＰ」をオープンさせる。

1日の
スケジュール

6:00 起床・入浴

7:00 愛犬の餌やり・ゴルフの準備

8:00 ゴルフ場出発

11:30 お昼ご飯

15:00 帰宅

15:30 事務作業・愛犬の散歩・仮眠など

17:00 半身浴1時間

18:30 仕事の準備・愛犬の餌やり

19:00 同伴先のご飯屋さんへ

21:00 ラウンジアメジスト出勤

1:00 お店終了後帰宅もしくはアフターへ

2:30 帰宅・就寝

お客様とのゴルフ接待がある日

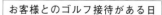

早く大人になりたかった幼少期

双子の妹とは幼い頃から喧嘩ばかりしており、ヤンチャな姉妹と言われていました。親にはたくさん迷惑をかけましたが、喧嘩するほど仲が良く、大人になった今日まで、お互いに支え合いながら生きてきました。妹がいなければ、今の私はいなかったと言っても言い過ぎではありません。

幼少期、父は自営業をしていたため、一般的な家庭よりも少し裕福な生活を送っていました。しかし、小学校1年生の時に両親が離婚。それを機に転落の人生が始まりました。私達姉妹を引き取った父は自営業を辞め、普通の会社に就職。家も引っ越すことになり、ボロボロの狭い平屋で3人の新しい生活をスタートさせました。

父は生活のために朝から晩まで働きに出ており、仕事で家を空けることが多かったので、一緒に住んでいながらも、父との思い出がほとんどありません。

当然ながら、掃除や洗濯、食事などの家事は私達に任されました。低学年だったため、作ることができるのはレトルト食品やカレーなどの簡単なものばかり。それでも妹は、子どもながらに一生懸命レシピ本を見ながら、凝った料理を作ってくれました。当時の料理については、今でもよく話題になり、妹にいじられています。

生活費は父から渡され、2人で考えながらやりくりしていました。この経験のおかげで、お金の管理や料理、お裁縫などが得意になり、学校の家庭科の授業は楽しみの一つだったことを覚えています。

そのようなギリギリの生活を送っていたため、児童相談所に入ったこともありました。すごく寂しいという気持ちはなく、それなりに楽しんで生活していたと思います。

もちろん、母のことを思うと寂さを感じたこともありましたが、それよりも、今日生きることに必死だったのです。

小・中学校では3、4回ほど転校を経験しました。もともと人見知りだったのですが、転校を繰り返したことで誰とでもお話しできるように成長できたと思っています。

高校生になると、里親さんにお世話になりながらアルバイトをかけ持ちし、進学するための費用を貯め始めました。スーパーから始まり、コンビニ、ファミレス、ハンバーグ屋、お寿司屋、居酒屋、雑貨屋、カレー屋、チラシ配り。できる仕事は何でもしました。この経験は、のちに携わる接客業に活かされていると思います。

その後、専門学校に行くと決めてはいましたが、特別な夢があったわけではありません。一方、妹はやりたいことが見つかり夢に向けて努力をしていました。頑張る妹を横目に、

「本当にやりたいことはなんだろう」と、悩む日々を送っていました。

そんな状況で、ずっと心から消えなかったのは、「とにかく早く大人になりたい」という思いです。それだけを目標にひたすらアルバイトを続けました。

その後、お金も貯まり専門学校に入学したのですが、寮生活だったため、時間の制限が厳しく思うようにアルバイトができません。貯めたお金もどんどんなくなっていき、学費を払うだけで精一杯の状態になってしまいました。「やりたかったことって、これだったのかな？」と、日ごとに不安が増すばかりでした。貯金も底をつきそうになり、誰にも頼れない寂しさや孤独を感じ、東京の街の中をフラフラと歩きました。

そんな時、引き込まれるように入ったボロボロの小さな不動産屋さん。そこで出会った年老いた不動産屋さんが、「まだまだ若いから何だってやり直せる。自分を追い込みすぎず一旦地元に帰ってゆっくり過ごしてみたら？　里親さんだって迷惑だなんて思わないはず。自分の気持ちを素直に伝えて甘えてみてもいいんじゃない？」と、見ず知らずの私に前向きになれる言葉をたくさんかけてくれ、背中を押してくれました。その方の言葉のおかげで気持ちが切り替わり、新たな気持ちで前に進もうと決断ができたのです。

人との出会いはすべてタイミング。

必要な時に必要なタイミングで訪れることを、初めて体感したのです。

運命の仕事との出会い

無理矢理やりたいことを見つけたせいもあり、結局、専門学校は3ヶ月で退学。地元に帰る決意をした時には、お金も底をついていました。

これからどうしていこうかと悩んだ末、水商売で働く決意をしました。さまざまなアルバイトをしてきたなかで、煌びやかな異空間で人を癒すという接客業にとても興味を持ったからです。

そこで、お客様に楽しんでもらうにはどうしたらいいかを試行錯誤しながら、必死に働きました。そんな努力が実を結ぶと、やりがいを感じるようになっていきました。

そして、20歳を過ぎると、「いつか自分のお店を持ちたい。自分が思うような好きなお店を作りたい！」という目標を抱くようになり、「25歳までに自分のお店を持つ」と決心したのです。

とはいえ、経営の知識なんてなければ、お金もありません。

しかし、目標が決まったからには行動するだけだと考え、さらに接客の勉強をし、お金を貯め始めました。

当時は、遊んだ記憶がないくらい休みなく働き続け、お仕事に没頭しました。

夢に邁進しながらも一方で、「本当にお店なんて出せるのか、無理なのではないか。失敗したら怖い」という不安もありました。しかし、新しいことを始める時は誰もがこういった不安を抱えます。ネガティブな感情がつきまとうのは当たり前のことと思い、頭を切り替えては努力を続けました。


同じ頃、ヨガ講師の資格を取るためのスクールにも通っていました。

スクールでは、「自分の道をどれだけ信じ続けられるかが大切であること」「あらゆることに執着をしない」「足るを知る」「本当の幸せは外側でなく内側にあること」を学びました。自分のお店を持つことに不安を感じていた私にとって、力づけられる言葉でした。

まさかお店を出すにあたってヨガで学んだ思想がプラスに働くなんて、思いもしませんでしたが、これを機にネガティブな感情は次第に薄くなっていきました。

また、幼少期から学生時代の苦労を乗り越えられたという成功体験も思い出し、自信を持って、迷わず前へ進もうという気持ちを強めることができたのです。

ここでも必要なタイミングで、必要な出来事が訪れたのです。過去の辛かった経験もすべては必然で、意味のない日々などないのだと実感したのでした。

24歳になったある日、新たな転機が訪れます。

ある一人のお客様とお話をしていたところ、「自分のお店を出したいのなら、絶対にあのお店で働いてみた方がいい」とアドバイスをくださったのです。

お客様が紹介してくださった「あのお店」とは、会員制のラウンジでした。高級感のある、素敵な雰囲気が漂う店内。足を踏み入れた瞬間、「あ！　こんなお店が作りたかった！」と感じたのです。

そこのラウンジのママに「一年間、勉強させてください」とお願いしました。本来、一年で辞めると言って働かせてくれるお店はそうそうないですよね。

ですが、ママは「いいじゃん！　ぜひ来なよ！」とそのママらしい明るい笑顔で受け入れてくださいました。さらに、将来お店を出した時に「手伝うよ」と言ってくれた友人も一緒に働かせていただけることになったのです。

明るく、あたたかく迎えてくれたママ。こんな素敵なママになりたい。こういう素敵なお店を作りたいと、目標がより明確になりました。

一人のお客様とラウンジのママ。このお二人との出会いによって、夢の実現に大きな一歩を踏み出したのでした。

「想いは未来を創る」夢のラウンジオープン

「想いは未来を創る」

これは、尊敬する経営者さんのお言葉です。辛いことがあっても夢に向かって進むことができたのは、この言葉があったからこそ。私の人生の指針となっています。


会員制ラウンジでのお仕事は、学ばなければならないことがたくさんありました。お客様やママ達と話をしていると、接客はもちろん細かな言動やしぐさ、一つひとつの動きに目を奪われます。自分自身の未熟さをひしひしと感じ、「自分はなんて器が小さいのだろう」と反省する日々が続きました。

しかし、夢を叶えるためには簡単に諦めるわけにはいきません。

「このままじゃまだダメだ、もっと頑張らなきゃ。このままお店を出しても失敗に終わる」そんな思いで、お店で働く方達を観察しました。どう真似をしても尊敬するママさん達やお姉様達のようにいかず、悩んでいた時期もあったのですが、自分らしくありのままを表現していけば自然となるようになる、周りも認めてくれるようになると気持ちを切り替え、自分に足りないものは何か、どう改善するべきなのかを考えながらお仕事を続けました。お客様やお姉様方は本当に優しく、とても素敵な方ばかりでした。豊富な経験を伺うことができたり、器の大きさに助けていただいたりしたことで、接客だけでなく、人間性をも学ばせていただきました。

とても居心地が良く、このままここでずっと働きたいな、と思ったこともあります。このような素晴らしい環境でお仕事をさせていただくなかで、新たな感情が芽生えました。

過去、辛いことがあった時に乗り越えることができたのは、これまで出会った人達のおかげです。過去の自分と同じように、一人で苦しみ悩んでいる子達がいるのだろうなと思った時、「もっと器の大きい女性になって、かかわる人達、みんなに優しくありたい」「いつでも手を差し伸べられるような人になっていたい」と思いました。

なりたい人物像が明確になったのです。

お店のオープンに向けての準備は、お仕事をしながら一人で行っていたので、正直大変でした。うまくやっていけるのか不安も残っていたなかで、批判の言葉を向けてくる人もいました。新しいことを始めようとする時に、反対されたり批判をされたりと、同じような経験のある方もいるのではないでしょうか。私もそのような状況に苦しんだ記憶もあります。ですが、そんななかでも、ずっとそばで支えてくれた友人がいます。

「支えてくれる人達のためにも強くならないと！」と気持ちを強く持ち、夢に向かってまい進していきました。

そして、２０１６年2月。タイミングが味方してくれたおかげもあり、「ラウンジアメジスト」をオープン。この時、今までの苦しみや悩み、不安は、完全に消え去っていました。

「20歳の時に決めた目標が、本当に叶う日が来るなんて……」

「想いは未来を創る」という言葉を初めて体感し、お店をオープンすることができたことで、人の助けがこんなにもありがたいものなのだと改めて感じました。

同時に、「恩返しをしなきゃいけない人達がたくさんいる。その人達のためにも、もっともっと頑張らないと」という思いで胸がいっぱいになりました。

あっという間に時は過ぎ、ありがたいことにお店は２０２４年で9年目を迎えようとしています。今があるのも、すべてはこれまで出会ってきた人達のお陰です。

「すべてはタイミング。必要な時に必要な人との出会いと出来事が訪れる」という考えは今でも変わりません。そのうえで、常に向上心を持って前に進み続けることが大切だということを、経験を積んできたなかで学ぶことができました。

この学びも、夢に向かって前進するためのタイミングだったのかもしれません。

お店を経営するなかでは、色々なことがありました。もちろん、今でも問題が起きることもあります。昔は、問題が起きるたびに気持ちが沈んでしまう時期もありましたが、少しずつ動じなくなっている気がします。

経営のことは初心者だったのですが、お店を運営しながら少しずつ覚えたり、お客様に教えていただいたりしながら、こうして乗り越えることができました。

そのなかで、「私にはまだまだ苦労が足りていない」と思われていたり、陰でありもしないようなことを言われていたりして、そんな言葉を耳にした時には悲しさが込み上げることもありました。ですがそれ以上に、周りの方々が温かい言葉とともに応援をしてくださったことで、めげずに前だけを向くことができました。

「辛いことはない」と言ったら嘘になりますが、周りの方々に感謝をし、今の環境を大切にしながら、目の前の問題と向き合い過ごしています。

こうして経営を続けることができているのは、お客様はもちろん、スタッフに恵まれたお陰です。私にないものを持っているスタッフ達から、日々たくさんの学びをいただいています。そんなスタッフ達は本当に愛おしく、成長が嬉しくて。過去を振り返った時、こんなにも幸せを感じられる日が来るとは思いませんでした。

そして、こうして強い自分でいられるのは、守るべきものがあるからだと思っています。

夢を応援し、手を差し伸べられる存在に

人生の勉強になった本の一つに、マザーテレサの本があります。

『思考に気をつけなさい、それはいつか言葉になるから。言葉に気をつけなさい、それはいつか行動になるから。行動に気をつけなさい、それはいつか習慣になるから。習慣に気をつけなさい、それはいつか性格になるから。性格に気をつけなさい、それはいつか運命になるから』

本に綴られているたくさんの言葉に感銘を受け、歳を重ねた時にこんな女性になっていたいと思うほど、とても慈悲深く尊敬できる女性だなと思いました。彼女や、辛かった時に支えてくれた人達のように、手を差し伸べられる存在でありたい。そして、みんなの夢を心から応援し、送り出していってあげたいという気持ちを、今強く抱いています。

そして、「出会えて良かった」と思ってもらえるよう、日々努力を続けていこうと思っています。その努力は決して苦痛なものではありません。大きな幸せを感じられる努力なのです。

幼い頃からずっと思い続けているのは、どんなことがあっても人に常に優しくあり続け

たいということです。これからも、かかわる人達みんなを笑顔にできるよう、これまでの経験や体験を共有し、一緒に幸せになりたいと思っています。

お恥ずかしながら、私は「起業家」といえるほどの人物ではありません。やりたいことがなかった普通の女の子がたどり着いた先が「今」なだけです。

そして、「今」にたどり着けたのは、人との出会いを大切にしてきたからだと思っています。周りの人達に感謝をし、諦めずにコツコツと、ポジティブな気持ちで前に進んでいけば自ずと道は開けると、信じています。

そう考えると人との出会いは、前向きに考え続けた「自分の鏡」と言えるのかもしれません。これからも、小さな幸せを噛み締めながら一日一日を大切に過ごし、誰かの見本となるような生き方をしていこうと思っています。

出会ってくれたすべての人に感謝を込めて。

人それぞれ、人生はさまざまです。時には、「この人は自分よりいい生活をしている」とか、「あの人は苦労してない」とか、人と比べてしまうこともあるでしょう。

しかし、どんなに幸せそうに見えている人でも、悩みや葛藤と闘っているものです。

そのうちの一人である私の経験を伝えることで、皆様の転機になったり、辛い出来事から解放されたり、勇気を与えることができれば。そして、これから何か挑戦してみたいとか、こんな生き方してみたいとか、こういう人達と出会いたいと思っている方の参考になれば幸いです。

じつはこの本を出版することが決まった瞬間、ある程度原稿を書き終えていました。そこからゆっくり期限までに推敲していくつもりでしたが、友人から、「カッコつけて綺麗な言葉とか巧みな言い回しをせず、表現がちょっとお馬鹿っぽくても侑希らしい」と言われました。ですので、少しだけカッコつけながら、あとは思いのままに綴らせていただきました。もちろん文才などはありませんが、皆様に私の想いが伝われば、こんなに嬉しいことはありません。

私もまだまだこの先、やりたいこともあります。人生の第一章にしか過ぎません。

これからの二章をどう生きるか、楽しみの一つです。

幸せの価値観は人それぞれ異なりますが、この本を読んでくださった方に、少しでも多くの幸せが訪れますように。

そして、キラキラと自分らしく、輝いた人生を送れますようにと願っております。

あなたへの
メッセージ

初対面の方とも積極的に
コミュニケーションをとってきたことで、
自己肯定感が上がり、
私の成長に繋がりました。
みずから声をかけ
繋がりを築く勇気が、
運命を変える一歩になります。

佐藤 侑希さんへの
お問合わせはコチラ

前夫の浮気と浪費、離婚を乗り越え起業したシングルマザー社長の軌跡。困難を「感謝」に変える考え方

株式会社With You 代表取締役
障害者就業支援事業

五反田 とも子

1966年、大阪府出身。大阪動物専門学校卒業後、江坂動物病院に３年勤務。結婚を機に退職し、2児を出産。夫の浮気、娯楽による浪費により12年目に離婚。さまざまな仕事に携わるなかで障害福祉事業に出合い、経営者になろうと決意。株式会社「With You」を設立し、障がい者就業支援を行う。設立6年で大阪府に5事業所、兵庫県に1事業所を構えるまで拡大。趣味は登山、マラソン、カラオケ。保護猫1匹と暮らす。

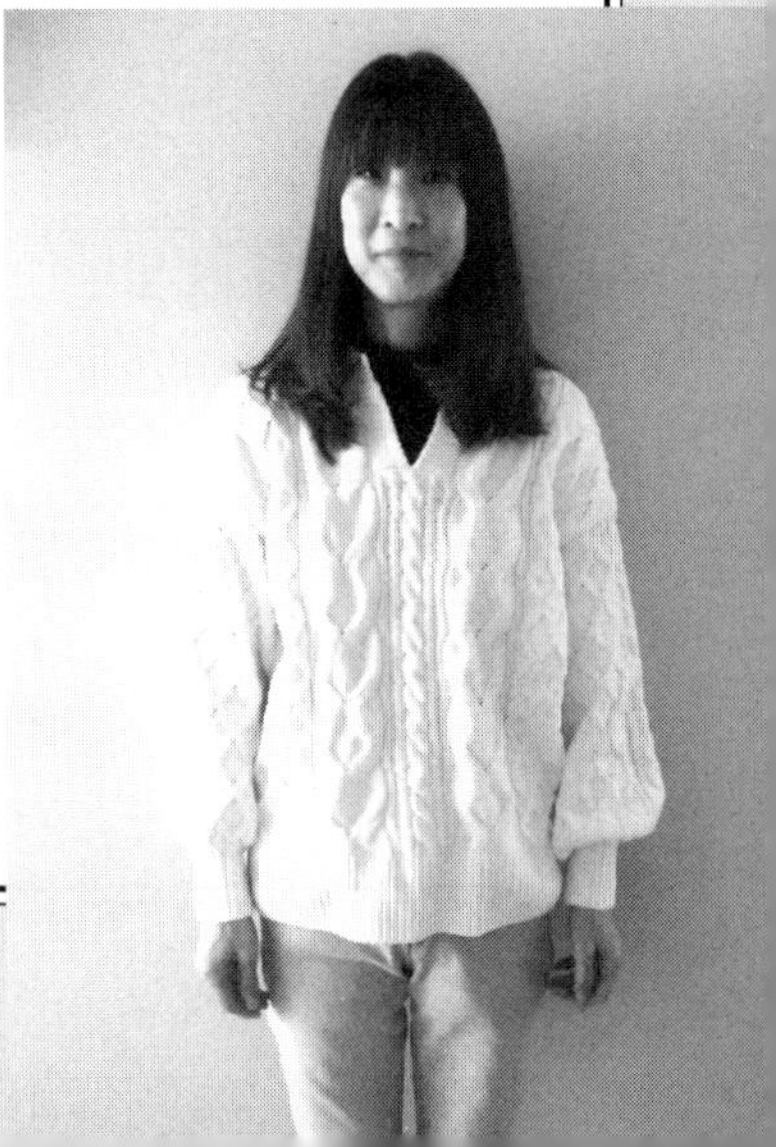

1日の
スケジュール

5:45 起床・出勤

6:30 「結び堂」到着・仕込み

9:00 「With You」出社 または「結び堂」準備・開店

18:00 帰宅・メール確認・報告

19:00 講義を聞きながら夕食

21:00 内勤

22:30 お風呂

24:00 就寝

「辛い日々」を「感謝」に変えたもの

昭和40年代といえば、子どもは親に反抗できない時代。親に厳しく育てられた人も多いのではないでしょうか。そんな時代に生まれた私ですが、両親とは薄い関係性のまま幼少期を過ごしました。物心がついた時、父は家におらず、母は父の女性関係が原因で、精神的に参っている状態だったのです。

父は別の家庭を持っており、私には腹違いの妹がいました。兄とは歳が離れていたので、一緒に遊ぶ機会も滅多になく、家族はバラバラ状態でした。

そんな状況でも、母は一生懸命働き育ててくれました。化粧もせず、着ている服はいつも同じ。私が小学校3年生の時には、住み込みの家政婦として働くために家を出てしまいました。祖母が母代わりとして家に来てくれたのですが、ほとんど会話はありません。祖母の作る夕食は、サツマイモの天ぷらとコロッケの繰り返し。好物ではありましたが、なんとなく寂しさを覚えたものです。

父の「もう一つの家」には年に3回、2週間ほど泊まりに行っていました。大きな家に住み、きれいで可愛い洋服に身を包む妹が羨ましく感じたこともあります。

父の愛人（妹の母）には「お行儀が悪い」といつも言われていました。持ってきた着替えは、まずすべて洗濯をし、下着は一緒に洗ってもらえませんでした。お箸の持ち方や座り方などが悪いと叩かれます。時代のせいもあり、このように厳しくしつけられましたが、この経験のおかげで今、お作法に関して恥をかかずに済んでいると思っています。

そんな生活が1年ほど経った頃、祖母の身体が弱り（後に亡くなってしまうのですが）、母が家に戻ってきてくれました。顔を見た瞬間、大泣きしたのを覚えています。


このように、少し寂しい幼少期を過ごしましたが、幸い、道をふみ外したり引きこもったりすることなく成長できたのは、楽観的な性格とお友達のおかげです。お友達がいる学校が心の拠り所で、大好きな場所があったから辛い日々も乗り越えられたと思っています。

そんな経験もあり、「結婚したら絶対に幸せな家庭を築きたい！」というのが将来の夢になりました。そして、7年付き合った彼と23歳の時に結婚。これから幸せな家庭を築いていくはずだったのですが、なんと、自分も母と同じ道をたどることになるのです。

夫は女癖が悪く、つぎ込むお金はお給料以上。借金地獄、破産。それでも離婚は避けたいと思い、幼い子どもを家に残して昼夜問わず働きました。その間も夫は働かず、ある日「お給料」と渡された10万円は、キャッシングで得たお金だったこともありました。

やがて不倫相手は妊娠し、男の子を出産。不倫相手から「この子にも父親がいる」と言われたことがきっかけとなり、離婚届けに印鑑を押しました。

子どもは当時、小学校1年生と3年生。落ち込んではいられませんでした。明日のお金がいるからです。子どもにはかわいそうなことをしましたが、とにかく昼も夜も働きました。日中は8時から17時まで会社の事務員として働き、夜は21時から深夜1時までレジ打ちのアルバイト。新聞配達は朝3時から動きます。新聞にチラシを折り込む作業をしたら、それを自転車に積み出発。帰って子どものお弁当を作り日中の仕事へ出勤する生活でした。どんなに忙しくても、決めていたのは「子どもが帰る時間には家にいる」ことです。自分の睡眠時間よりも、子どもをしっかり育てあげたい思いで必死でした。おかげで行動力が身についただけでなく、子ども達もまっすぐに育ってくれ、中学生になるとラグビー部に所属。社会人になった今も続けてくれています。

幼少期からさまざまな出来事がありましたが、ラグビー部のお母様方や職場の方々、義理の父・母・妹、そして健康に生んでくれた両親には、感謝しかありません。

辛い経験も、すべて今に繋がっています。諦めずに一生懸命生きてきたことで、辛い日々もいつか良い思い出になり、感謝に変えることができたのです。

ビジネスパートナーとの出会い。そして起業

スーパーのレジ打ちをしていたある日、現在の仕事に繋がる出会いが訪れます。

「お昼に事務の仕事をやっているんやったら、僕の仕事を手伝ってくれへん？」

そう声をかけてきたのは、行政書士のAさんでした。Aさんは行政書士の資格試験に合格したばかりでまだ仕事が一つもなく、スーパーでアルバイトをしていました。もともと事務経験はあったので、まずは土・日だけAさん仕事を手伝うことに。会計や給与計算など、主にアウトソーシングを担当しました。

当時は高齢者の増加により、介護事業がピークを迎えていた時期です。仕事を手伝うなかで介護事業や障がい者支援事業の設立をサポートすることも多くありました。

そんなある日、「就労継続支援A型」の事業を立ち上げた社長さんから、「利用者にもできる仕事はあるかなぁ」と相談を受けました。

「就労継続支援A型」とは、障がい者支援事業の一つ。一般企業に雇用されることが困難でありながら、雇用契約に基づく就労が可能な障がい者に対して、就労の機会を提供する福祉サービスです。

社長からの相談を受け、私はパソコンを使用した打ち込み作業を提案し、利用者と一緒に支援員として働くことになりました。

同じ頃、日中に働いていた会社の社長から、セクハラとパワハラを受けていました。「昼も夜も働き、子育てをしてかわいそう」という、同情の気持ちから恋愛感情が生まれたのかもしれません。食事に誘われ断ると、翌日は無視をされました。数か月後にきっぱりお断りすると、これまで以上に当たりが強くなったのです。小さな会社で、一日中顔を突き合わせることは苦痛でしたが、仕事を辞めるわけにもいかず、何とか頑張っていました。そんな時舞い込んできたのが、就労支援事業所での仕事です。これをきっかけに、日中に働いていた会社を退職することに決めました。

ひと昔前の障がい者の仕事といえば「清掃」がほとんどでした。決して「清掃の仕事が悪い」というわけではありません。障がい者には職業の選択肢がほとんど与えられていなかったことに疑問を抱いていました。

そこで、新たに携わることになったA型就労継続支援の事業所で教えることにしたのが、会計ソフトを用いた給与計算の方法です。実際に教えてみると、会計について熱心に学び取り組む利用者の姿に驚きました。同時に、障がいのある方が会計や経理を学んだり資格を取ったりすることで、仕事に対しての自信や意欲に繋がるのではないかと考えたのです。ちょうどハローワークの求人でも、少しずつ「伝票整理」「会計経験者」などのワードも多く目にするようになりました。私が担当していたのは、主に精神疾患を持つ方だったので、症状が安定さえすればスキルの習得はスムーズであり、働くことも十分に可能です。私が仕事を教えることによって、障がいのある方の就職の選択肢が広がるかもしれないと思い、毎日一緒に作業を進めました

人は生きていかねばなりません。生きていくためにお金を稼ぐことは何より必要です。利用者さんと一緒に仕事をするなかで、「福祉」という括りではなく、「生きていくこと」に対してサポートしたいと考えるようになりました。働く意味を見出せれば、きっと精神的な悩みもなくなる。そう考え、自分で会社を立ち上げようと決意したのです

「私、やるわ！」行政書士のAさんに伝えると、すぐに行動に移してくれました。会社の立ち上げに協力してくれる方々にも声をかけてくださり、あっという間に初期メンバーが揃いました。縁の下の力持ちだった税理士のO先生。若いけどIT業界をお任せできるHさん、Mさん。この4名で会社を立ち上げることになりました。

会社名は「With You」。実際に精神疾患などで入退院を繰り返していたメンバーが、精

神疾患を持つ方に就労支援を行う事業所です。

会社の立ち上げは、決して簡単ではありませんでした。まず、福祉事業は国の許認可が必要です。多くのルールに則って立ち上げ、運営していかなければなりません。数多くの書類（一人の利用者に対する記録や計画）管理だけでなく、施設に配置しなければならない最低人員数も決まっていて、人件費や設備の準備などで多くの資金が必要でした。

持ち金は100万円だったのですが、役員になったHさんの紹介で日本年金機構からの借入れと、Aさんの仕事関係者から紹介していただき銀行から借入れすることができました。子どものためにしていた貯金はすべて使いました。

事業所にする物件はすぐに見つかると思ったのですが、「障がい者」と言うだけで拒否されるオーナーさんが多く、偏見を目の当たりする日々でした。

そんななか、1校目（現在の本社）である堺筋本町《さかいすじほんまち》事業所のオーナーさんは違いました。「これからの事業やな。応援するわ。家賃も大変やろう。1年間、毎月5万円引いてあげるわ」と受け入れてくださったのです。嬉しくて涙したのを今でも忘れません。

ほかにも、不動産屋さんからの紹介で、パソコンなどはリース契約にするなど、多くの方に支えていただきました。肝心の売り上げとなる利用者の募集には広告費を投入し、交通費や昼食費、資格取得費の無料化など福利厚生を充実。サポート内容は、「ソーシャルスキルトレーニング（対人関係や集団行動を上手に営むための訓練）」のみを取り入れる施設が多いなかで、より実践として使える、会計ソフトを用いた学習を取り入れました。

このような戦略の甲斐があり、1校目はあっという間に利用者が集まり、7か月後には2校目・本町校を開校するに至りました。

当社の事業所は「施設」という括りなのに、名称を「〇〇校」としているのは、学習を主としたサービスを提供しているためです。資格を取得し、履歴書に記載できるように、障がいがあっても自分に自信を持ってほしいという思いで名づけました。

後には、ウェブやデザイン、英語、ペン字、公務員希望者向けのノウハウ、メンタル、動画、税理士による簿記や就職指導など、利用者が就職に向けてさまざまな選択ができるよう、わくわくするような講座を開催していきました。今では理学療法士によるマインドフルネスも看板メニューとなっています。

会社立ち上げから勢いは止まらず、施設は地域の中心地へ拡大し、2年目には梅田校、3年目には大阪校を開校するまでに成長していったのです。

衝突・自分の立ち位置に悩んだ経営

学歴もなく、ただがむしゃらに働いてきただけの人生から、経営者。会社を立ち上げた当初は、福祉のことも経営のこともわかりませんでしたが、自分なりの会社像は抱いていました。「いきいきと笑顔で元気に暮らせる社会を築き、ひとりひとりの夢を叶える」という想いは理念となり、今も変わりません。

一方、会社の立ち上げから力になってくれていたAさんは、長年経営について学び、行政書士として恥じないよう、さまざまな角度で会社を守ってきた経験豊富な方です。

そんなAさんからは「想いだけでは何も進歩しない」といつも言われていました。それにもかかわらず、私は、間違いを指摘されても自分の意見だけを通していたのです。そんな私に、Aさんはほとほと疲れ切っているようでした。

会社に心が向かなくなり、互いに「なぜわかってくれない！」と衝突する日々が約3年間続くことになるのです。

ある日、Aさんから「あなたのやり方だと会社は潰れてしまう」と言われました。怒りを覚えた私は「じゃあやって！　私は会社へは顔を出さないから！」と言い放ちました。

Aさんは、「社長というものは社員にとって遠い存在でなければならない。現場に出るものではない」と常々口にしていました。一方、私は「現場は現状を把握し、新たな発想を生み出せる大切な場」と考えており、双方の意見がまったく異なっていたのです。

この衝突をきっかけに、本当に会社に行くのをやめました。私が出社しなくなると、Aさんは組織づくりを徹底。厳しいルールについていけず辞めていく社員もいました。毎日泣き、出てくるのはAさんへの恨みの気持ちです。

そこで、通信大学で経営を学ぶことにしました。学歴があれば、Aさんとも対等でいられると思ったのです。

そして、以前から考えていた利用者の実習先を作ろうと思い始めます。いきなり就職をするよりも、実習で身体を慣らしてから社会復帰をした方がいいと考えたからです。

コロナ禍で社会情勢がまだ安定しないなか、良い物件が見つかり、おにぎりとお味噌汁を提供するお店をオープンすることにしました。店舗名は「結び堂」。いつもならAさんに相談をするのですが、今回はすべて一人で準備を進めました。シンプルな塩むすびと大きなお椀に野菜がたっぷり入ったお味噌汁。それと、小さなおかずが3種類。疲れた体にほっと染みるようなメニューを提供しました。

実習先づくりとして飲食店を選んだのにも理由があります。集客のためのチラシを書くことから始まり、売上・仕入れ計算、接客として声を出すことなど、仕事をするうえでの基本をトータルで学べる場であると考えたからです。

結び堂の開店をきっかけに、休んでいた会社へ戻ることになりました。全体会議で社員の顔を久しぶりに見てお店の報告をした時は、嬉しくて涙が溢れました。スタッフが頑張ってくれたことでお客様も順調に増え、現在も実習先として役目を果たしています。今では、結び堂で作ったお弁当を事業所へ持って行くようにもなっています。

何度も衝突し、一度は決別したAさんとも和解し、再び一緒に会社をやり直すことになりました。冷静に考えてみれば「会社を大きくしたい」という2人のゴールは同じであり、お互いの考え方が少しだけ違っただけだったのです。

結果を急ぐあまりに焦ると、空回りすることもあります。私達も、当時は会社を大きくしたい一心でお互いに焦っていたのでしょう。もし、壁にぶつかったときは、背伸びをせず、時を待つのも大切だと学びました。

それから、現場で働くことにこだわっていた私も、いつしか現場に出ることは少なくなっていました。社員が仕事にやりがいを持って働き、自分自身で成長していける力を持っていると気づけたからです。無理やり型にはめ込まなくても、彼らを信じて任せられるようになりました。今では社内の頼もしい存在として活躍してくれています。

小さくても、一歩ずつ

起業してからさまざまな困難がありましたが、会社設立から6年が経ち、大阪府に5事業所、兵庫県に1事業所を構えるまでに成長しました。今後はさらに他県へ進出する目標もあり、38人の素晴らしい社員と共に、少しずつ全国展開をしていけたらと考えています。また、国家資格である社会保険労務士の資格を取得し、個人事務所を設立して利用者の実習先にするなど、引き続き、障がい者雇用を充実させていくつもりです。

50歳を過ぎ、徐々に人生の最終章を意識し始めていますが、まだまだ挑戦は続きます。「スパルタンレース」という競技はご存知でしょうか。スパルタンレースは「世界最高峰の障害物レース」といわれ、ロープを登りやうんていなど、多彩な種目に挑む競技です。私も社員10名とチームを組み参加しています。また、40歳ごろからはフルマラソンも始めたほか、富士山への登山にも挑戦。最近では、山道などの舗装されていない道を走るアウトドアスポーツ「トレイルランニング」にも、社員と一緒に参加しています。将来、ゲートボールを楽しむ夢もあるので、あと2、3年はスポーツを続け、体力をつけておこうと

五反田 とも子

思っています。

また、とあるタレントプロダクションにシニア部門で所属しています。レッスンを通して、表現力や想像力など多くの気づきを得ることができ、充実した毎日を送っています。まだ一度も仕事をしたことがないのですが、いつかエキストラとしてでも仕事ができればと、ささやかな夢も抱いています。

そんな様子を見た周囲からは、「色々やっているなあ」「元気やなあ」とよく言われます。たしかに、どれも楽しみながら活動しているのですが、じっとしていると考え込んでしまう性格なので、何かに没頭していないと不安になってしまうのが正直な理由です。この生活が自分にはぴったりなのかもしれません。私と同じように、つい考え込み悩んでしまう人は、何か別のことに没頭し、気持ちを切り替えるのも一つの方法です。

幼少期の家庭環境は複雑で、結婚しても、幸せな家庭を築くことができませんでした。しかし、この経験があったからこそ人の痛みがわかります。困難があっても一生懸命、コツコツと生きてきたことで、良い出会いに恵まれ今があるのです。

あなたも人生に悩むことはありますか？　そんな時は、地道でも諦めずに前に進んでみてください。一生懸命生きることで、新たな発見や出会いが訪れるかもしれません。生きるすべを見つけ、自分らしい生き方ができることを、祈っております。

あなたへの
メッセージ

『やってみないとわからない』
以前の私は、
一人では何もできませんでした。
しかし、違うのです。
やっていないからできないのです。
まずはやってみることが大事です。

五反田 とも子さんへの
お問合わせはコチラ

「好き」を仕事に。
手作り石鹸を通して
人にも環境にも
優しい世界になることを願う
女性社長の熱き想い

ツクツクハンドメイドソープ株式会社
代表取締役
化粧品製造業／製造販売業

佃 麻由美

大阪府出身。大手電機メーカーでインターネット関連事務に携わる。コールドプロセス製法の手作り石鹸に出会い、子育ての傍ら手作り石鹸関連のネットショップと教室を営む。2016年化粧品製造業・製造販売業取得し2022年法人化。現在は通信販売で手作り化粧石鹸を日本全国へ届けつつ、化粧品製造にかかわる許可取得支援とコンサルティングを行う。一般社団法人ハンドメイド石けん協会グランドマスターソーパー。

1日の
スケジュール

6:00　起床・家事

7:30　ヨガ・朝食

9:00　出社または在宅ワーク

12:00　昼食は自宅などで

13:30　出社

19:00　帰宅し夕食

22:00　お風呂

23:30　就寝

佃　麻由美

手作り石鹸との出会い

2000年頃、コールドプロセス製法で作られた石鹸との出会いが人生を変えました。前田京子さん著「お風呂の愉しみ」は、廃油を使った石鹸ではなく、オリーブオイルなどの新油を原料にした石鹸の作り方を日本で初めて紹介した本です。その頃、子どもが生まれてナチュラルライフに興味があった私は、この本を読み、自宅で肌に良い石鹸が作れると知り興奮しました。

環境問題には昔から興味がありました。中学生の時に授業で流れたテレビ番組で、リンゴ農家の方が、ご自身で作っている農薬のついたリンゴを食べることに対し「怖いですよ〜」と言っていたことに衝撃を受けました。作っている本人が怖いと思うものを、私達が知らずに購入して食べているという現実を知ったのです。

そんな経験もあり、出産を機に無農薬の八百屋さんを見つけては足を運び、「手作り生活」を楽しむようになりました。糠漬け、無農薬の梅を使った梅干しや果実酒、国産小麦粉を使ったパンやうどん。普段の料理でも、できるだけ顆粒のだしやスープの素を使わないようになりました。また、ハーブを植えたり生ごみを土に埋めたりもしてみました。

できる範囲で楽しみながらさまざまなものを作り、健康や環境に配慮した生活をしてみると、どれも決してむずかしいものではありませんでした。むしろ、お金の節約にもなり、良質な素材を使って手作りすることは、とても豊かで贅沢なことだと気づいたのです。

また、若い頃からすごく乾燥肌で、皮膚の痒みや頭皮のフケに悩まされていました。日焼け止めを塗っても日焼けをしやすく、高価なクリームを使っても、ファンデーションを塗ると粉が吹いてしまうような肌でした。

そんな私が子どもの病気をきっかけに、身のまわりの汚れ落としとして石鹸や重曹を使う生活をしていた時に出会ったのが、手作り石鹸です。本を読み、手作り石鹸の良さを知ると、すぐにオリーブオイルや苛性ソーダなどの材料を集め作り始めました。

1ヶ月の熟成を経てできた石鹸は、顔や身体、髪まで全身を洗うことができ、これまで使ったことがないしっとりとした極上の使い心地でした。

これは、一生作り続ける価値のあるものだと確信したのです。

そこで、手作り石鹸に関する商品をネットショップで販売しようと思いつきました。

当時（2000年頃）は、「インターネット」が急激に普及し始めた時代。私は前職で社内用ホームページ制作を担当していたことや、インターネット関連の会社でアルバイトをしていた経験があったことで、ネットショップをひらめいたのです。テニススクールでテニスをしている最中に突然アイディアが浮かび、テニスどころではなくなってしまったのを覚えています。その後、「tsukutsuku.com」のドメインを取得し、小さなネットショップを作ったのが2003年4月。これが個人事業主としての出発点でした。当時メジャーではなかったSNSも、開業当初からずっと発信し続けています。

ネットショップでは、趣味の木工を活かして、石鹸作り用の木型やカッター台などを製作し販売しました。当時画期的だったアクリル型からひらめいた、入れ子式アクリル型で実用新案権を取得した後、夫からアイディアをもらった均等割りゲージシートの実用新案権、長い年月をかけて開発したワイヤーソーの刃の意匠権も取得。他にも木製トレイやアレンジ仕切りなどの道具を開発してきました。そして、「日本一のソーパー（石鹸を作る人）になろう、石鹸のことなら何でも答えられる人になろう」と心に決め、石鹸や油脂、基礎化学、アロマやハーブを学び、石鹸作りの教室も開催しました。

私が作るコールドプロセス製法の石鹸は、当時、日本では新しい分野。誰にも負けたくない、一番になりたいと思えるものに出会えたことはラッキーでした。大好きなものや変わらずに大切にしているもの、人に伝えたい本質や、自分のこだわりが詰まったもの。そういうものとの出会いがビジネスチャンスになるのかもしれません。満員電車での通勤が大嫌いなマイペースな性格も、事業をするのに合っていたと思います。

本格的に事業展開に至ったストーリー

自宅での石鹸教室と、ネットショップで石鹸作りの道具販売を続けていたある日、商品でいっぱいになっている私の部屋を見て夫が言いました。

「どこか場所を借りて荷物を入れたら？」

それまでは、子育てをしながら自宅でできる仕事をすることしか考えてこなかったので、夫のひと言で夢がむくむくとふくらみ始めました。

当時、下の子は中学生。そろそろ製造所を持ってもいいのかもしれないと、賃貸物件探しを始めました。本当にそんなことができるのかと半信半疑ながら、「商品を保管する場所」「石鹸教室を開く場所」「化粧石鹸の製造所」をイメージした物件探し。ワクワクしたとても楽しい時間でした。

石鹸を作れるようになると、誰もが「この素晴らしい石鹸を多くの人に知って欲しい」「販売したい」と考えるようになります。ただ、薬機法という法律により、人の肌に使うものは化粧品であること、化粧品を製造販売するには許可を取得することが定められています。当然私も、石鹸にかかわる仕事をするのであれば、製造販売許可を取得するべきだと考えました。ただ、その許可を取得するのはものすごく大変で、「個人では絶対に無理」という、石鹸作りをする人の間で神話があったのです。そのため、ワクワクした気持ちと同時に、「本当に私に化粧石鹸の製造販売をやっていけるのか」という不安も抱きました。また、家賃を払っていけるのか、利益を出せるのかと考えていると元気がなくなり、物件を契約する時、お金を支払う時、工事着工の時は不安に押しつぶされそうでした。

物件巡りをしている時はとても楽しかったのに、準備が進むにつれ「とんでもないことを始めてしまったのではないか」と、不安がどんどん大きくなっていったのです。それでも、「赤字が続けばさっさと辞めよう」と切り替え、やりたいことを止めることはありませんでした。

そして2017年、店舗つきで石鹸教室も開ける小さな事務所と製造所ができ上がりました。化粧品製造業・製造販売業許可も無事に取得。楽天市場とAmazonに出店し、通信販売事業を拡充しました。ほとんどの業務は1人で行い、石鹸教室だけでなく、化粧品製造販売の許可取得に関する講座も人気を博しました。

ほどなく新型コロナウイルスが流行してくると、「界面活性剤のなかでも、石鹸は新型コロナウイルスを撃退する能力が高い」という研究結果が出たことで石鹸が注目され、通信販売の売り上げが伸びました。また、店舗前におしゃれな石鹸の自動販売機を置いたのですが、看板代わりとして目立ち、コールドプロセス石鹸の紹介動画を通りすがりの人に見てもらえることで、地域の話題にもなりました。感染対策として通信販売や自動販売機が注目されていたことで、テレビの取材も入るようになったのです。

そこから店舗運営はやめ、講座はすべてオンライン開催に切り替えました。そして、石鹸作りの道具販売より、世の中の人全員がターゲットとなる化粧石鹸の販売に注力。すると時間に余裕ができただけでなく、マイペースに仕事を進めながらも、石鹸や講座の売り上げはしっかりと上げることができたのです。時代の波にうまく乗れたと思っています。

また、「個人でも化粧品製造業・製造販売業は取得できるよ」というメッセージを届ける講座は、私にとって大切なものになりました。パン屋さんやカフェを開くのと同じように、誰でも許可は取得できる、と熱く語ってしまう講座なのですが。受講してくださったある会社様から法人化を勧められ、株式会社を立ち上げることもできたのです。この講座と化粧品会社様へのコンサルティングは、当社の大切な事業の一つとなっています。

事業を始める際、一歩踏み出す時の不安はつきものですが、きちんと下調べをして計画的に事を進め、相談できる人がいたら安心だと思います。普通の主婦が事業を始めるのは型破りで大変なことだと思われがちですが、「いつか夢を叶える」「私ならできる」「決してチャンスを逃さない」という強い気持ちがあれば、きっと実現できるはずです。

石鹸の魅力とシンプルスキンケア

石鹸とは、天然由来の油脂とアルカリを混ぜるとでき上がるシンプルな物質です。約5000年前、サポー（サボンやシャボンの語源）という丘で動物を焼いていた時、滴り落ちた脂と焚き火の灰が混ざり合い、自然に石鹸ができ上がりました。一方で合成洗剤は、戦争で油脂が不足した時に石油から作られた、まだ歴史の浅い洗浄剤です。

天然由来の油脂とは、動物や植物から採れる油脂のことです。牛肉や豚肉などの白い脂身が動物油。オリーブやゴマを絞ると出てくる油は植物油です。こういった天然油脂は、数種の脂肪酸とグリセリンが結合したトリグリセリドというものでできています。

アルカリとは苛性ソーダ（水酸化ナトリウム）や苛性カリ（水酸化カリウム）のことで、油脂と混ざると脂肪酸ナトリウムや脂肪酸カリウムという石鹸分子になります。ナトリウム石鹸は一般的な固形石鹸で、カリ石鹸はやわらかく溶けやすいので液体石鹸になります。灰にはカリウムが含まれているので、海外では昔から石鹸作りに使われました。

一般的な市販の化粧石鹸は牛脂やパーム油などが原料油脂で、釜炊き法や中和法により作られています。天然油脂由来の保湿成分グリセリンは取り除かれていることがほとんどで、ラベルを見ても原料油脂が何であるか、表示されていることは少ないです。
対して、当社が販売するコールドプロセス製法の石鹸の特徴は以下になります。
①熱による劣化が少ない
40度～50度の低温で材料を混合するため、油脂に含まれるデリケートな栄養成分等がそのまま石鹸のなかに残ります。
②効果的な油脂配合ができる
ヒトの皮脂にも含まれる保湿成分オレイン酸の含有率が高いオリーブオイルをメインとし、泡立ちを良くするためにパーム核油やココナツ油、石鹸を硬くするためにパーム油を配合。目的に応じて油脂の配合を調整できます。
③グリセリンが豊富
油脂由来のグリセリンは天然の保湿成分で、石鹸のなかに豊富に含まれています。肌を保護し、洗い上げた後も肌をしっとりと保つことができます。
④油脂分が含まれている
一般的な市販石鹸は、純粋な石鹸成分だけなのに対し、コールドプロセス製法の石鹸では、通常10パーセントほどの油脂を残します。それにより、汚れが落としやすくなり肌を潤す効果があります。

せっかくの手作りの石鹸ですから、天然香料（エッセンシャルオイル・精油）で香りづけをすることで豊かなアロマテラピー効果も楽しめます。自分で手作りするということは、原料を自分の目で選び、目的に合わせて処方を自由にカスタマイズすることが可能で、保存料や防腐剤などは使わずに良い状態のうちに使うことができます。

人は昔から、身近な植物油で肌をケアしてきました。アフリカではシアの木から採れるシアバター、地中海沿岸ではオリーブオイル、日本では米油や椿油。太古の昔から植物油はスキンケアや皮膚薬として重宝されてきました。ガーナという国でシアバターを買う時にお店の人が「食べられるよ」と言ってペロリと舐めたという話を聞き、ガーナではお料理にもシアバターを使うのだと知りました。皮膚は内臓の一部といわれます。それぞれの国で身近な植物や薬草が、料理やスキンケア、健康のために利用されているのです。

アロマテラピーのトリートメントでは、植物油に精油を希釈して肌にいきわたらせます。ベビーマッサージでは、精油は使わず植物油だけを塗ってあげると聞きます。ヒトの皮脂に近い脂肪酸を含む天然の植物油は、肌に馴染みやすく、保湿し保護するのに最適で、肌を元気にし、本来の魅力が増すのではないかと思います。

石鹸は弱アルカリ性です。「ヒトの肌は弱酸性だから、弱酸性の洗浄剤を」という広告を見かけることがありますが、それは石鹸には当てはまりません。肌や髪にはもともと、アルカリに傾いた肌を弱酸性に戻す力が備わっています。コールドプロセス製法の石鹸であればしっとり洗い上がりますし、ものぐさな私は、髪も身体も顔も石鹸で洗いっぱなしで化粧水をつけるのも忘れてしまう、というやり方で20年近く経ちました。

シンプルで上質な手作り石鹸は顔用や髪用など分ける必要がなく、石鹸ひとつで全身のケアができます。冬の乾燥した季節には、手作りの化粧水に数滴の植物油を手の平でちゃちゃっと混ぜて乳液代わりにつけています。その手で髪の毛先をさっと撫でて、ヘアオイル代わりにすることもあります。そういう時に使う植物油には、年齢とともに肌から失われていくと言われるパルミトレイン酸が豊富なマカダミアナッツオイルがお気に入りです。乾燥しがちな指先などには、シアバターや手作りの蜜蝋クリームを使うこともあります。

そういうわけで、コールドプロセス製法の石鹸作りにはまった人達のスキンケアはどんどんシンプルになり、バスルームからボトル類がなくなり掃除も楽になるのです。

化粧水や乳液などの化粧品の日持ちについて考えてみます。経験上、3日前のお茶はまずいし、水分が残ったペットボトルや水筒はヌルヌルしてくるし、手作りのマヨネーズはできるだけ当日中に食べきりたいですよね。仕事柄、植物油を扱っていますが、オメガ3と呼ばれる油脂は開封して数日で、その他の液状の油脂は数か月で酸化臭がしてくることがあります。水・栄養分・温度の3つが雑菌繁殖の条件だそうです。サラダのドレッシングを作るとわかりますが、水分（お酢）と油は混ざり合わないのでよく振ってから使いますし、マヨネーズは卵黄に含まれるレシチンが乳化剤の役割をしているそうです。乳液やクリームのようなトロンとした質感を保つためには石油由来の乳化剤、日持ちさせるためには防腐剤や保存料が大量に必要だと思われます。自分で材料を選んで作るのと違い、お店に並んだ商品を買うということには、そういったリスクがつきものなのですね。

次に、石鹸の上手な使い方についてレクチャーしたいと思います。石鹸でモノを洗う時に大切なポイントは「泡立ち」です。石鹸はたっぷり使ってしっかりとした濃度にして、よく泡立てて洗います。洗顔には泡立てネットの使用がおすすめです。濡らしたネットに石鹸をくるくるとこすりつけてからよく揉み、できた泡を手に取って顔を撫でるようにして洗います。身体を洗う時は、薄手のタオルや綿の手ぬぐいを濡らして石鹸をこすりつけ泡立てて洗いますが、乾燥肌の人や冬場は、毎日そんなにしっかり洗って皮脂を洗い流さなくても良いでしょう。

髪を洗う時は、濡らした髪に石鹸をくるくるとこすりつけてから頭皮を揉むようにしてよく泡立てます。この時、よく泡が立たないのは量が少ないからなので、石鹸をもっと使ってください。石鹸は弱アルカリ性のため、髪を洗うとキシキシした感じがありますが、時間が経つと落ち着いてきます。気になる場合は、洗面器のお湯に、おちょこ1杯のお酢または小さじ4分の1のクエン酸を入れたものをリン酢とします。

食器洗いに使う石鹸は、たとえば無添加の安いものや家にある固形のもので良いので、濡らしたスポンジにこすりつけて揉み泡立てます。泡で食器を洗ったら、一つずつ流水ですすげばピカピカの洗い上がりになります。一つひとつがマッチ棒のような形をした石鹸分子は、十分な濃度の中では集まりミセル構造を作ります。イラストにある「マッチ棒」の棒の部分が油と馴染みやすく油汚れにくっついて取り囲むのですが、ためすすぎをして濃度が薄まるとミセル構造をくずしてバラバラに離れて汚れを手離し、食器に汚れが再付着してベタベタの洗い上がりとなってしまいます。

ミセル構造

洗濯は、二槽式洗濯機とシンプルな合成洗剤（または石鹸）を使うようになっただけで、とてもきれいに洗い上がるようになり、服やタオルの臭いと汚れがなくなりました。今まで我が家で使っていた抗菌剤入りの洗剤では汚れが落ちていなかっただけでなく、長年悩まされた咳と鼻水の原因だったことを実感しました。柔軟剤も必要ありません。これは化学物質過敏症の友人がいたから実感できたことです。
ワンちゃんを洗ってあげる時は、コールドプロセス石鹸を使うとふわふわの洗い上がりになります。ヒトも犬も環境の一部なのですから、考えてみれば当然のことだと思います。
弱アルカリ性の重曹をキッチンの頑固な油汚れに振りかけると、油分と反応して石鹸になるとともに、粒子のクレンザー効果もありスッと拭き取ることができます。また、灰でも同じように掃除することができます。

石鹸の一番素晴らしいところは、食器の洗い方でもわかるように、洗浄力はとても高いのに、洗浄力を失いやすいことです。ミセルを作って汚れを浮かせ洗い流せば、それ以上皮脂を奪おうとしません。肌が荒れている時に皮膚科医が石鹸を勧めるのはこうした理由からです。これまでに何度も、手をボロボロに荒らしていた友人達や、乾燥肌の友人達に石鹸を勧めて喜ばれてきました。排水として流れた石鹸カスは魚が食べても害がなく、環境に影響を及ぼす心配もありません。素材や汚れが落ちるしくみを知れば、むやみに強力な洗剤を使って肌や環境を荒らさずに済むのです。

私達は日々、無意識のうちに多くの広告から情報を得ていますが、皆が使っているから安全と言えるでしょうか？　手作りすることで、その工程を知る楽しさだけでなく、モノのしくみや本来の価値、社会のしくみまで理解できるようになります。健康や環境にやさしい商品を見極めることもできるようになるのです。昔ながらの生活に敬意を持ち実践し、商品を選ぶことは、私達の健康や地球を守るためにも大切なことだと感じています。

手作り石鹸を使うことがとても気持ちがいいこと、そして、豊かで贅沢であることに、多くの人が気づいていただけたら、こんなに嬉しいことはありません。

あなたへの
メッセージ

私が意識してきたのは
ハングリー精神。
興味のあることは徹底的に突き詰め、
疑問点は放置せず、
知識を積み上げました。
やりたいことができるようになり
心にも余裕が生まれ、
優しい気持ちで
日々を過ごせている気がします。

佃 麻由美さんへの
お問合わせはコチラ

20歳、知識・経験ゼロから
介護事業をスタート！
若き経営者が
20年以上事業を
継続させてきた秘訣とは

有限会社ホームヘルプサービスみらい 代表
介護事業／企業主導型保育園／飲食業

西之坊 恵美子

1978年、大阪府出身。短期大学卒業後、社会人経験のないまま、2000年「有限会社ホームヘルプサービスみらい」を設立し介護事業をスタートする。会社経営の傍ら、大学の社会福祉学部に編入。福祉の在り方を学び、現在は大阪府南部を中心に、高齢者および障がい者の方の在宅サービスをメインとする介護事業のほか、企業主導型保育園・飲食業を展開している。

1日の
スケジュール

5:00　起床・メールや
SNS・ネットニュースの確認

5:30　朝食・弁当作り、その他の家事

9:00　会社へ出社

19:00　帰宅し夕食

20:00　ヨガorトレーニング（どちらもない日は家でくつろぐ）

22:00　入浴

23:00　事務作業を含む
翌日の準備

0:00　就寝

西之坊 恵美子

知識・経験ゼロからの挑戦

「介護ビジネスに興味はないか？」

父のひと言で、経営者としての人生が始まりました。２０００年に施行される介護保険制度にともない、それまでは各自治体が主体であった介護事業に民間の事業者が参入できるチャンスだと言うのです。

当時は20歳。短大卒業後の進路も決まっておらず、不甲斐ないのですが、人生の目標や夢はありませんでした。正直なところ、「介護」に対してはマイナスのイメージしか持ち合わせておらず、若者がする仕事ではないと思っていました。それに、他人と積極的にかかわることはあまり好きではなかったため、到底、介護の仕事には向かないだろうと思っていたのです。

「介護」はまったく興味のなかった分野でありながら、それでもこの介護ビジネスに乗り出した理由は、「女性経営者」という響きに強く惹かれたからです。まだ周囲の友達も社会に出るか出ないかぐらいのタイミング。そんななかで「誰もやっていないことをすること＝起業する」という未知の世界に、膨らむ好奇心を抑えられなかったことを今でも覚えています。それに、学生の頃から漠然と「一人で生きていける自立した女性になりたい」と考えていたので、その自分の思い描くイメージ像に近づけるかもしれないと思ったのです。

介護に関する知識も経験もなし。それどころか社会人経験すらありません。そこで最初にしたことは、介護の資格を取得することでした。

後に気づいたことですが、介護業界は何といっても資格と経験がものをいいます。経験は時間をかけて積み上げていくこと以外に方法はありませんが、資格は受講するだけのものや、試験に合格すると取得できるものがいくつもあります。まず「訪問介護員2級養成研修（現・初任者研修）」を修了しました。

しかし、介護の資格を取得したからといって、すぐに適切な介護の技術が身につくわけではありません。自分の祖父母世代の方々と、うまくコミュニケーションが取れるわけではありません。それでもやると決めたからには前に進むのみです。

その後、父の協力を得て法人登記をし、訪問介護事業の指定を受ける準備を進め、2000年4月1日、介護保険制度施行と同時に事業をスタートさせました。

この日を迎えるまで不安や迷いはたくさんありました。それでもとりあえずやってみる。もしつまずいたら、そうなった時に考えようと、気楽にかまえて臨みました。

現場経験を通じて明確になった目標

創業当初の従業員は、自分を含めて3名。幸い、父が知り合いをあたってくれたおかげで、利用者様（お客様）3名の契約があり、小規模の訪問介護事業としてスタートを切ることができました。

ずっと実家暮らしだった私は、これまで調理や掃除、洗濯などの家事は母親任せでした。介護のことのみならず、当時は知らないことが多すぎて、利用者様に多くのご迷惑をおかけしたと思います。

たとえば、掃除機は畳の目に沿ってかける、油汚れのひどい食器は米のとぎ汁につけておくと汚れが落ちやすいなどの「家事に関する常識」や、肉じゃがの作り方や魚の煮つけ方なども、利用者様から教わりました。ここで、最も記憶に残っている利用者様とのエピソードを一つお話したいと思います。

Tさん（90代・女性）、娘さんと二人暮らし。娘さんはお仕事をしていたため、Tさんは日中、一人で過ごします。私はお昼頃にTさん宅に訪問し、娘さんが用意してくれた昼食を温めなおしテーブルにセッティング。テーブルまでTさんをお連れし、昼食のお手伝いをしていました。Tさんは毎回、食事中に昔話を笑顔で聞かせてくれました。Tさんは私が何かをするたびに「おおきに。おおきに。助かるわ」とおっしゃいます。利用料をいただきながら感謝されることに戸惑いながらも、大きな喜びを感じるようになりました。

Tさんがご自宅で最期を迎えた時は本当に悲しくて、葬儀に参列した時も涙がとめどなく溢れました。「こんなに辛く悲しい別れをこの先また何回も経験していくなんて……」と胸を痛めたことを鮮明に覚えています。

そんななか、Tさんの娘さんが深々と頭を下げ、「みらいさんのおかげで、母は最期まで家で生活することができました。私が仕事で家を空けていても、あなた達が来てくれたから母に寂しい思いをさせずにすみました。本当にありがとう」と声をかけてくださったのです。心が救われた瞬間でした。

利用者様との出会いの数だけ、いつかは別れが訪れる。それを当然のこととして受け止められるようになるまでには、少し時間はかかりましたが、しっかり向き合うことでこれから自分が何をしなければならないのかを考えるようになりました。

最初は興味もなく、できるかどうか不安が大きかった介護の仕事。これらの経験を通じて、自分がかかわる利用者様に残された限りある時間を、住み慣れた自宅で、その人が望む生活ができるように尽力していきたいと、強く思うようになりました。

現場で直接的に介護をする以外に大変だったことといえば、集客です。当時はまだ、介護保険制度が浸透していなかったこともあり、集客するための営業活動は本当に大変でした。空き時間にチラシを作成し、ポスティングや道行く高齢者の方に声をかけ、自分の訪問介護事業所の売り込みをします。親切に足を止め、話を聞いてくださる高齢者の方もいましたが、「介護保険？　私は保険には入れへんよ！」と厳しい反応をされる方もいました。当時は、介護保険制度に対する正しい知識を得る機会が少なく、誤った認識をされている方が多かったように思います。何度も心が折れそうになりました。「介護を食い物にする気か！」と、心ない言葉を吐かれ、悔しい思いをしたこともあります。

それでも投げ出さずに踏ん張り続けようと思えたのは、自分のなかに芽生えた使命感と、未熟な私を温かく見守り応援してくださった利用者様の存在があったからです。

高齢者の方の在宅生活に触れ、残された時間をどう生きるのかを知ることで、自分が抱いていた介護に対するイメージが変わり、当初の「とりあえずやってみよう」という安易な思いから、「この事業を成功させよう」という決意に変わっていったのです。

事業をしていくうえで苦労したこと・思い

訪問介護事業から始め、現在に至るまでに多くの転機があり、ご縁にも恵まれました。

２００７年に妊娠をし、同年８月に第一子となる長男を出産しました。

そして、産前産後に仕事ができない私に代わり、妹が事業を手伝ってくれることになったのです。妹とは、同じ両親から生まれ、育った環境も同じなので、考えや感覚が似ており、何事においても「阿吽《あうん》の呼吸」で進められます。迷いや不安が生じた時に、共に考え相談できる存在を得たことで責任の重圧が軽減されたように感じ、精神的にとても楽になりました。

妹の協力もあり、少しずつではありますが、事業展開をより真剣に考えるようになりました。これまでの訪問介護事業を柱とする事業のみでは、高齢者や障がい者の方の在宅生活を支えていくには限界があると感じたからです。

身体的には、十分に在宅で生活できると思われる利用者様が、「在宅生活への不安」を理由に施設入所を余儀なくされるケースを何度も見届けてきました。長く在宅生活を続けてもらうためには、利用者様一人ひとりが抱える不安を軽減し、幅広いニーズに応えていく必要がありました。それが事業の展開に繋がっていったのです。

事業展開は決して円滑には進みませんでした。一つ新しい事業を展開すると、そこには新たな人員を配置しなければなりません。最も苦労したことは、その人員を集めることです。

ある一定の期間を経て、事業が安定しつつある時期に、仕事を任せていた責任者が、利用者様とスタッフを連れて独立する、といった経験をしたことがあります。主要メンバー数人から、同時期に退職願を突き出されたのです。一瞬、頭の中が真っ白になりました。どうにか話し合いをして引き止める選択肢もあったのかもしれません。しかし、覚悟を決めた人間の意志はかたいものです。この時点で引き止めても、いずれまた同じことに悩まされるだろうと、容易に予想できました。

結局、何も言わずに退職願を受理しました。悩んでいる時間はありません。事業を継続させるためには、利用者様に迷惑をかけないように人員を確保する必要があります。ありとあらゆる人脈を駆使し、奔走する日々が続きました。

「捨てる神あれば拾う神あり」ということわざがありますが、まさにその通りだと思います。会社の危機的状況を理解したうえで、協力してくれる人達が現れたのです。

主要メンバーが入れ替わり、一時的に利用者数も減ってしまったことで最初は苦労しましたが、現責任者とスタッフのおかげで、今ではその当時の何倍もの規模となり、我が社の柱となる事業へと成長していきました。

これはほんの一例ですが、起業してから今日までを振り返ると、一進一退の連続でした。何年も構想してやっと形にできた事業も、すぐに軌道にのるわけではなく、我慢を強いられる時期も長くありました。法改正や報酬改定があるたびに、今までと同条件の事業運営が継続できるのか、悩みの連続です。会社の規模が拡大し、スタッフが増えていくことを嬉しく思う反面、自分にかかる重圧がどんどん大きくなっていきました。

正直なところ、すべてを投げ出し逃げたいと思ったこともあります。しかし、時には悩み苦しみ、互いを鼓舞しあう妹の存在がそばにあったからこそ、今に繋がっているのだと思います。

妹とは毎朝、通勤時間中に電話で業務報告を兼ね、お互いの近況を話します。近況といっても、毎日話をしているので大した変化はありません。それでも毎日の電話を続ける理由としては、会話のなかから次の事業展開に関するアイデアが生まれるためです。ミーティングや会議という形式にとらわれるよりも、日常の何気ない会話の方が自由な発想をすることができ、「こういうのがあったら面白いね」「こういう仕組みがあると便利になるかも」と次から次へと考えが浮かびます。そして、そこから生まれたアイデアの多くを実際に形にもしてきました。

周囲からはよく、「姉妹で仲が良いですね」「喧嘩することはありますか？」と言われることがありますが、もちろん喧嘩はします。しかし、お互いに言いたいことを言ったあと、たいていは一晩寝たら忘れる程度のものです。

妹は戦友です。会社経営を続けていくと、自分一人では受け止めきれないような出来事が起こります。そんな時は、共に闘い励まし合えるような存在があった方が、苦しみや辛さも軽減されます。

過去、すべてを一人で抱え込み、孤独を感じ苦しむ経営者の方にたくさん出会ってきました。良きビジネスパートナーを見つけることは容易ではないかもしれません。ですが、いつでも相談ができ、苦楽を分け合えるような存在があった方が会社経営はうまく進んでいくと思います。

私の場合、たまたまそういう存在が妹だったわけですが、それも含め、両親には感謝しかありません。

挑戦した結果、私が得たものとは

私のように、社会人経験のないまま起業する方は少ないと思います。介護の経験だけではなく、人としての経験値も低かったため、幾度となく悩み迷い、失敗もしてきました。馬鹿にされ、悔しい思いもしたことも少なくありません。周囲の人達と比較をして、本当にこれでいいのかと何度も自問自答したこともあります。

同級生の友達が会社員なり、もらったお給料でブランド物のバッグを買い、休日に好きなところに出かけている一方で、金銭的にも時間的にも余裕がない私は、ただ目の前に次々と現れる問題をどう解決していくかに必死でした。

出産後も、友達は専業主婦として子どもの成長をそばで見届けている一方で、私は生後2か月になる我が子をすぐに保育園に預け、歩けるようになった瞬間、自分でご飯を食べられるようになった瞬間、初めて話せるようになった瞬間といった、小さな成長の過程を鮮明に記憶することができませんでした。それでも、今だからこそ思うことがあります。

「起業して本当に良かった」と。

なぜなら、経営者でなければできない貴重な経験ができたからです。同じ経営者の方達にもお会いして、刺激になるお話を聞き、自分を顧みる機会を得られました。まだまだ会社と共に成長し続けていきたい、そんな思いで日々を過ごしています。

我が子にも寂しい思いをたくさんさせてしまい、母親らしいことが十分にできなかったかもしれません。それでも彼らは強くたくましく成長し、今ではとても頼りになる存在となりました。

さまざまな苦労や困難を乗り越え、とても強くなりました。昔は途中で逃げ出したくなることもありましたし、仕事のことを考えると眠れなくなることもありました。今は少々のことでは動じません。それどころか、次々と起こる試練に「どう対応すれば楽しめるか」とポジティブに考えられるようになってきたのです。

会社を経営することで得た経験値が、心の余裕に繋がり、今の幸せがあるのだと実感しています。

誰にでも不安や迷いはあるものです。しかし、勇気を出して一歩踏み出すことで可能性や選択肢が広がります。失敗しても、そこから得られるものもあるのです。

失敗を恐れて挑戦しないなんてもったいない！　時間は有限です。迷っている間にも時間は刻一刻と過ぎ、ほかの誰かに先を越されてしまうかもしれません。成功は挑戦した者にしか訪れない、そう思います。

知識・経験・資金・人脈。当時、起業するために必要だとされるものは何もありませんでした。人と比較し秀でている能力や才能もありません。それでも、起業して今なお事業を継続できている理由は、「挑戦する」という行動を起こしたからです。その行動が自分自身の視野と可能性を広げ、今の自分をつくり上げているのだと思います。

そして今後も学び続けることを怠らず、人とのご縁を大切にし、謙虚な姿勢を忘れないことを日々心がけていきたいと思っています。

これから日本の労働人口はますます減少していくことが予想されています。高齢者の方が増える一方で、介護現場での人材は不足し、必要なサービスを受けられない人達が増えていくのではないのでしょうか。

では、私達ができることは何か？　イメージを一新することはできないとしても、若い世代や子育て中の主婦の方が少しでも介護に興味を持ち、その役割を担ってもらえるような働きかけができればと思っています。たやすいことではないと思いますが、新たな事業形態を取り入れ、他業種の人達に介護について知ってもらう機会の提供や、地域住民の方をはじめ、多くの方に自分達の事業内容を知っていただくための発信など、まだまだ方法は確立できていませんが、今はそんなことを考えています。

最後になりますが、これまでの二十数年を通して皆様にお伝えしたいのは、

「失敗を恐れずに挑戦する」

「たとえ失敗しても、その失敗を糧に試行錯誤していく」

「失敗があるからこそ成功に近づける」


ということです。


困難のない人生なんてないと思います。

しかし、さまざまな経験を積むことで人はかならず強くたくましくなっていきます。困難に打ち勝てるようになり、やがて困難を少しだけ楽しめるほどの余裕が出てくるのです。

この拙い経験談が、今この本を手に取ってくださっているあなたの一助になれば、著者としてこれほど嬉しいことはありません。

あなたへの
メッセージ

挑戦しなかったことへの後悔は、
いつまでも心の中から消えてくれない。
まずは行動を起こしてみる。
失敗は何度でも軌道修正できるから。

西之坊 恵美子さんへの
お問合わせはコチラ

自信のなかった過去から
子ども達に笑顔を届ける
チアスクール経営者に！
大きな怪我と
父の死から考える人生観

株式会社クリーオ　代表取締役
スクール業／エステ業

のだ 美智子

1977年、愛知県出身。幼少期の肌コンプレックスから自動車業界を退職し、エステ業界へ転職。大手エステ勤務後、資格を取得しエステサロンを開業。その後、某球団専属チアリーダーに4年かけて合格。退団後はチアダンスをメインとした「リノキッズスクール」を立ち上げ計3店舗を経営。エステ業とチアダンスで沢山の子ども達の笑顔を引き出す活動を行う。生涯現役で踊れる身体作りを目指しボディメイクの全国大会に挑戦中。

1日の
スケジュール

7:00 起床・ストレッチ

8:00 メール確認、スケジュール管理

10:00 エステ＆チアスクール

15:00 買い物、トレーニング

17:00 夕食準備

19:00 習い事送迎

20:00 エステ＆チアスクール

22:00 夢や目標の管理

23:00 お風呂

24:00 就寝

チアダンスとの出逢い

元気と笑顔を届けるチアリーダー、のだ美智子です。

私は「笑顔で未来が変わる」と思っています。今でこそ笑顔を褒めていただけますが、幼少期はうまく笑うことができず、自信がない女の子でした。

そろばん塾を経営する両親のもとに生まれ、３つ下の妹と毎日のように習い事に通う、忙しい幼少期を過ごしました。そろばんはもちろん、ピアノにスイミング、英会話に書道、絵画、学習塾をかけ持ち。「やれるところまで頑張ろう」という母の教えのもと、書道は高校3年生まで、ピアノは22歳まで続けました。習い事は大変でしたが、日ごとに上達していく感覚と、両親から褒められることに嬉しさを感じていました。「やり始めたら最後まで頑張る。そして、上位を目指す」ということは、習い事から学んだかもしれません。幼少期の経験は、大きな財産となっています。

チアに出合ったのは、短大の新入生歓迎会です。キラキラとした笑顔で踊る先輩方の姿に魅了され、すぐに「やってみたい」と感じました。ただ、ダンスもチアも未経験であり、笑顔にも自信がなかったため、一度は入部をためらいました。しかし、どうしてもチアへの思いが消えず、思い切って入部を決意。それからは、週3回の練習でなんとか形になり、2年目には笑顔にも自信が持てるようになりました。そして、文化祭での演技中、「これが私のやりたいことだったのだ」と気づいたのです。

同じ頃、名古屋ドームでお弁当売りのアルバイトをしていました。ある日、ドーム内で踊る某プロ野球チームのチアガールが目にとまります。広いドーム、大勢の観客の前でパフォーマンスする彼女達を見た瞬間、その一員になりたいと思いました。

どうしたらドームで踊れるのかと悩んでいた時、たまたま父が聞いていたラジオで、オーディションが開催されることを知りました。ちょうど自動車メーカーの内定をいただいた時期なのですが、「今しかない」と思い切って応募しました。すると書類審査が通り、実技試験に進むことになったのです。

試験当日は、他の参加者との経験の差に圧倒されながらも、なんとか最終審査まで残りました。しかし、結果は不合格。この時は「就職すれば両親も安心だな」と、ほっとしたと同時に「次は絶対に合格したい」という2つの思いが入り混じった状態でした。

オーディションのあと、自分に足りないもの身につけるため、ダンス教室に入会しました。仕事終わりの基礎練習やバーレッスンは辛く毎日ヘトヘトでしたが、ドームで踊りたい思いの方が優っていました。

2回目、3回目のオーディションは、「今年こそ」という意気込みで臨みました。ですが、手応えはあるものの、どうしても最終審査で落選してしまいます。自分に足りないものは何かわからず、自問自答する日々が続きました。

「頑張っても叶わないことはあるのかもしれない」。努力しても結果が出ないことで、自分が壊れてしまいそうな感覚に陥りました。そこで、環境を変える決意をし、自動車メーカーからエステ業に転職をしたのです。

転職先にエステ業を選んだのは、自分の肌にコンプレックスがあり、20歳からエステに通っていたためです。オーディションに合格したメンバーは、可愛い子ばかりだったので、「エステティシャンになり変わりたい！」という思いもあったかもしれません。

エステの仕事は想像よりハードです。連日終電まで練習し、お昼を食べられるのは16時を過ぎることも沢山ありました。それでも、綺麗になっていくお客様を見ているとやりがいを感じ、毎日が充実していました。そのため、就職して1年間はチアのことを考える余裕はほとんどなく、仕事に没頭することができました。

しかし、決してチアへの思いがゼロになったわけではありません。

「もう一度チアガールのオーディションを受けたい。最後のチャンス、チャレンジしよう」エステの店長と母、妹に相談し、最後のオーディションは妹と一緒に受験することになりました。そこからオーディション当日までひたすら練習を続けました。悔いを残したくなかったからです。

その結果、オーディションは見事に2人とも合格。合格を知らせる電話がかかってきた時は、夢のような気持ちでした。ドームで踊れるという幸せを、25歳最後のチャンスで掴んだのです。

「諦めなければ夢は叶うんだ！　お父さん、やったよ！」

中日対巨人戦。バックネット裏で嬉しそうにメガホンを叩く父の笑顔をグラウンドから見た景色は、一生忘れません。

夢のオーディション合格から1年。ドームで踊れた喜びはとても大きいものでしたが、今後の将来ついては未定で、任期を終えた時、これから何をするべきか悩みました。

チアの経験を通して、やり始めたら全力で頑張ることが身についていた私は、次にエステでの開業を目指すことを決意したのです。

エステサロンで起業、人生の転機

起業にともない、専門学校へ入学。当時エステ業界で最も難関資格であった「CIDESCO国際資格」と、国内の合格率17パーセントの日本エステティック協会「認定トータルエステティックアドバイザー」の資格を取得しようと決意。座学・実技合わせて1000時間のカリキュラムを2年間でこなしました。試験で行われる実技は、フェイシャルやボディに加え、ネイル、メイク、ワックス脱毛で、50名の方にモデルになっていただき練習を重ねました。

試験では、初対面の試験モデルさんに対して肌質からエステ機器の選択、マッサージの種類とパックの選別などを瞬時に判断し、施術をします。3度のオーディション落選から、4回目で合格し、ドームで踊ることができた成功体験。ここ一番で力を出す経験を何度もしているし、もし力を出すことができなければ、努力が水の泡になることも十分に理解しながらの試験でした。夕方に試験が終わり、荷物の梱包と配送の手続きを済ませた時にはぐったり。帰り道に、好きだったお笑い芸人さんとすれ違ったのですが、反応する元気もありませんでした。帰路につき「お疲れ様」と出迎えてくれた母の顔を見て、やっと緊張が解けたのを覚えています。

そして、結果は見事合格！　合格者はなんと、中部と関西地区のなかで私一人だけでした。結果が出せた喜びと達成感、大きな自信となったのは言うまでもありません。同時に「これからがスタートだ」と気を引き締めました。資格取得がゴールではなく、ここからが大切であることは、チアの合格がゴールになってしまっていた過去の学びからです。

エステを極める決意をし、サロンワークと並行して専門学校の講師としても経験も積んでいきました。インプットとアウトプットの繰り返しは、学びをしっかり自分のなかに落とし込むことができ、どんどん自分が成長していくのを実感できました。

その後、順調にキャリアを積み重ねるなかで、何気なく参加した「合コン」で、主人に一目惚れをしました。運命の出会いから、2年後には結婚。マイホームを建て、可愛い娘も生まれました。産後に甲状腺の病気を患ったこともあり、初めての子育ては思うようにいきませんでした。結婚と出産により、家族の存在や時間の大切さを実感し、仕事優先の生活から家庭との両立をする生活に変わりました。

そんな幸せな日々を送っていたある日、エステ人生を大きく変える事故が起こってしまいます。家族旅行で訪れたグアムのプールで、水上アスレチックから落下。右手薬指を骨折してしまいました。手に添え木をして過ごしたのですが、1か月後、指を曲げると薬指と小指がクロスされた状態「オーバーラッピングフィンガー」になってしまったのです。

日常生活にも支障が出てしまい、エステの仕事を続けるのも不可能です。セカンドオピニオン、サードオピニオンも受けましたが、どの医師も手術での治療が必要との見解でした。手を見るたびに悲しい気持ちになり、自分を責める日々が続きました。

そして、手術当日。局所麻酔だったので、医師の声や手術の音がはっきりと聞こえる状態です。「術式変更！」手術終了直前、医師の大きな声が聞こえ、他の医師達も続々と手術室に集まり出し、ただならぬ雰囲気を感じました。

「あ、失敗したんだな」と、嫌でも理解できる状態でした。一気に不安が増したことで、どんどん呼吸が苦しくなり、脈拍・血圧も異常値に。看護師さんに励まされながら、5時間半の手術が終わりました。体力と気力は限界。意識が朦朧とするなか、車椅子で病室に戻りました。大幅な手術時間延長でいてもたってもいられなかった家族が、エレベーター前まで迎えに来てくれており、主人の顔を見た瞬間、涙が込み上げました。

辛かった手術から3週間後。悪夢は続きました。回復の期待とは裏腹に、医師から耳を疑う言葉を告げられます。

「偽関節かもしれない」。偽関節とは、骨折した骨がくっつかず治らない状態のことです。骨盤の骨を移植するための手術が必要でした。「なぜ私はこんな状態になるんだろう？」と、前回の手術での恐怖を思い出し、絶望感にさいなまれながらも、手術は避けられない状況でした。２回目の手術は腰から麻酔薬を入れ、下半身だけ麻酔が効いている状態で行われました。手術中、天井の眩しいライトに照らされながら、さまざまなことを考えます。「何歳まで生きられるのかな？」「これから、何をして生きていこうかな？」

手術は成功し、無事に骨もくっつきました。当たり前に使っている指一本でも、人間にとってはとても大切なものです。五体満足に産んでくれた両親には心から感謝しています。「人生思ったより短いかも」と、辛い手術を経て人生を見つめ直し、未来に向かうきっかけができました。

人生、思うように動ける期間は短いです。いつ怪我をするか、病気になるかわかりません。不運な怪我から命の大切さを感じた、私からのメッセージです。

手術を終え、これからどうしていこうかと考えていた時、転機が訪れます。世界で活躍されているエステティシャン、服部恵先生との出会いです。先生のスクールに通うなかで「他にできることはないか」「私の使命は何なのか」を、より考えるようになりました。誰と出会うか、誰と思いを分かち合うかで、人生は大きく変わります。初めて会った時のフィーリング、話す感覚、直感を大事にしています。そしてある時、一筋の光が差し込んできたのです。それは、「そろばん塾の子どもの笑顔」でした。

チアスクールで会社設立

両親が経営するそろばん塾での子ども達との触れ合い、笑顔があふれる環境、一緒に試験に臨む姿。ある日、それらがチアダンスとリンクしました。

そして、「チアダンススクールを作ろう！」と、興奮しながら妹に相談をしたところ、「お姉ちゃんがやるならいいよ！」と、ためらうことなく賛成してくれたのです。妹とはとても仲が良く、喧嘩をしたことがありません。器用でどんなこともパーフェクトにこなし、自分よりも人の幸せを願える妹。尊敬する彼女が共感してくれたことで、決心がかたまり、個人事業主から法人に切り替え「リノキッズスクール」を設立しました。「リノ」はハワイ語で「光る・輝く」という意味があり、子ども達への思いを込めて名づけました。

当時、チアダンススクールの数は少なく、生徒が集まるか不安でした。ですが、ちょうどチアダンスを取り扱った映画や、テレビドラマが始まるというラッキーなタイミングも引き寄せ、体験会を重ねるごとに生徒さんが集まってきたのです。

自信がなかった自分がチアで変われたように、子ども達にもチアを通して自信をつけて欲しい。キラキラとした笑顔で、夢を持ち成長できるように、とにかく「楽しむ、褒める、励ます、応援する」を心がけレッスンしていきました。チアに必要な柔軟性や筋力、技を磨いていけるように「チアノート」を配り、自宅での練習記録や、コミュニケーションツールとして活用。レッスンの様子はブログで発信し、保護者の方もレッスンの様子が見えるように工夫しました。すると、生徒数は開設半年も経たずに50名を超え、「チアが大好き、毎日でもレッスンをしたい」と、子ども達から沢山聞かれるようになったのです。

そこで、初めての発表会のあと、トライアウトに向けて選抜クラス「ヴィーナス」と養成クラス「フェアリー」を作りました。

目指すのは、3か月後に行われる「一宮七夕ダンスコンテスト」です。曲や構成、衣装を考え、妹やチアの先生、保護者の方、そして子ども達と一丸となり猛特訓しました。

当日は台風が迫っており「暴風警報が出たら演技途中でも中止します」というアナウンスが流れるなか、コンテストが始まりました。半分屋外の会場だったため、降り込んでくる雨で舞台は濡れ、滑って転ぶチームが続出。みんな不安でいっぱいでしたが、持てる力をすべて出し切り、笑顔で演技を終えることができました。そして「優勝！　ヴィーナス！」とコールされた時のみんなの笑顔と歓声は、一生忘れることはありません。立派な初舞台でした。チアダンスは人の心を動かす力があります。スキルだけではない、好きを表現する大切さ、魅せることへのこだわりを、これからも追求していけたらと思っています。

父との別れ、生きる意味

最愛の父との別れは、思っていたより早く訪れました。

父が経営するそろばん塾は、昔から沢山の生徒が訪れる人気の教室。父は、厳しいながらも子ども達から「たぬき先生」と呼ばれていたほど慕われていました。優秀で、運動神経も良かった父からは、遊びやそろばんを通して色々なことを学びました。本当に大好きな存在です。

父からは「人に優しくしなさい。親切にしなさい。人の役に立ちなさい。喜んでもらえることをしなさい」と常に言われていました。この言葉の通り、父は私に対しても、一度も怒ることなく、常に見守り認めてくれました。昔、父の生徒さんだった方が、現在、リノキッズの生徒の保護者として通ってくださっています。父の人を大切にする思いが、時代が移り変わってもこうして繋がり続けているのです。大切なご縁に恵まれているのは、父のおかげです。

スクール開講2年目の秋、父に大腸癌がみつかりました。治療法を探りながらの闘病でしたが、最後は父の意向を尊重し治療をストップ。スクール開講4年目の春には食事も摂れなくなり、残された時間が少なくなるなか、できる限り父に会いに行きました。体力が弱り、話すことすら精一杯の父は、会いに行くたびに「ありがとう」と力を振り絞って言ってくれました。最後まで、自分よりも人を思いやることのできる父を、心から尊敬しています。

父に一度だけもらった手紙に書かれていたのは、前向きな言葉と家族への愛のメッセージ。私の生きる源になっています。

あなたは、何の為に生きていますか？
人生最期の時、より良い人生だったと言えますか？

今まで1万5000人以上の方とかかわるなかで確信したのは、「女性が笑顔でいれば、世の中が明るくなる」ということです。チアを通して笑顔を広げ、縁ある方々の夢の実現に貢献していきます。

この本を読んでいる方も、小さなことでも構いません。ぜひ夢を持ち叶えて下さい。そして、より良い人生を送れますように。

本の執筆にあたり、過去の自分と向きあったことで、周りへの感謝が溢れました。いつも心から支えてくれる優しい主人、大切に育ててくれた母、助けてくれる妹。そして尊敬する先生達、リノの可愛い子ども達や保護者の方。かかわってくださるすべての方に、ありがとう。

そして、愛する娘に、生まれてきてくれてありがとう。

このような機会をいただき、心から感謝いたします。

あなたへの
メッセージ

運命の出会いは、かならずある。
それに気づけるかどうかが重要。
チアダンスとの出会いが
私の運命を変えたんだ。

のだ 美智子さんへの
お問合わせはコチラ

仕事第一の研究者が
出産を経て変化した
大切なもの。
葛藤を乗り越え
理科実験教室を
開業するまでのストーリー

株式会社ハマリカラボ 代表取締役
理科実験教室経営
濱野 直子

1982年、大阪府出身。京都大学大学院（理学研究科化学専攻）卒業。学生時代は塾講師を続け教職も取得する。卒業後は大手化学メーカーに4年間勤務し、ゼロからのモノづくりに情熱を注ぐも育児と仕事の両立に悩み退社。2年間の専業主婦期間中に2児の母に。子育てを通し教育への思いが再燃し育児と仕事の両立を実現した働き方を求め理科実験教室を起業。現在、大阪を中心に直営校3校、業務提携校は関東中心に5拠点へと拡大。2024年活躍する女性リーダー表彰「ブルーローズ表彰」受賞。

1日の
スケジュール

6:30 起床・朝食作り

8:00 家族の送り出し、家事

10:30 出勤

19:30 仕事後、お迎え

19:45 帰宅し、夕食準備

21:30 息子を寝かしつけ、娘を塾へお迎え

22:30 娘を寝かしつけ、お風呂

23:00 事務作業

23:30 就寝

研究者から専業主婦へ、起業までの充電期間

「初の女性社長になってやる！」

某有名化学メーカーの研究職として新卒採用された時、鼻息を荒くしてそう思っていました。とにかく仕事が第一で、「仕事と家事なら、当然仕事の方が大変でしょ」と思っており、家事の何が大変なのかさえ知らない未熟者でした。

京都大学大学院の修士を取得し、大手企業に就職。未来には夢と希望しかないなかで、一つだけ心残りがありました。それは教師という仕事でした。

というのも、学生時代の6年間、塾講師のアルバイトをしていました。小中高生が成長していく姿を見て、人が学ぶことは素晴らしいことだと実感した私は、教えることに魅力を感じ、高校理科を教える免許を取得していたのです。

進路を決める時期になり、研究職での就職活動か、教員採用試験の受験かの選択をすることになりました。第一線の研究から離れてしまうと、研究職には戻りにくいのではないかと考え、講師の仕事ではなく研究職の道を選択しました。

入社後3年目になるとテーマリーダーも任され、やれることも増えてきたのですが、同

じタイミングで結婚することになりました。結婚は人生において、もちろん喜ばしい出来事です。ただ、仕事にもやりがいを感じていたため、結婚1年後あたりから仕事とプライベートの両立に悩みが生じ出しました。特に悩んだのが、妊娠・出産後の働き方です。仕事はバリバリやりたいけれど、我が子は放っておけません。

会社は大手企業なだけあって、女性社員を育て、女性管理職を増やす試みがされており、上司もキャリアプランを一緒に考えてくれました。さらに、産休・育休はもちろん、時短勤務や部署異動など、女性研究者に対しての手厚いサポート体制を提示してくれていました。しかし、私にはどれもピンと来ませんでした。

「バリバリ仕事をしたいのに時短じゃ無理やん。成果出ないやん」

「部署が変わったら、今の好きな仕事ができないやん」

誰と勝負しているわけでもないのに、「負けたくない！」という気持ちが湧き上がります。会社は大好きで、同僚や上司のことも尊敬していました。それなのに、私はいったい何が気に入らないのだろう……。

結論が出ないまま1年が過ぎたある日、上司が言いました。

「価値観は変えていいんだよ。大切なものは変わるから。それは悪いことじゃないからね」

雷に打たれたかのようにハッとしました。「バリバリやらなアカン、出世せなアカン」と、上昇志向で自分を苦しめていたのは自分自身だったのです。新たな価値観と、価値観を変えることへの敗北感からすべてを拒否し、会社の手厚いサポート体制を受け入れられなかったのでした。この時、大切なものに「家族」が加わっていたことに気づいた瞬間でした。

ただ、時短勤務をするにしても、大阪・京都間の通勤をしなくてはならないし、子どもは早朝から夜間まで保育園に預けることになります。また、自分がやりたい研究職に復帰しても、出張や残業は避けられません。そのため、ただでさえ多忙な夫の完全ワンオペ育児となってしまいます。考えた結果、それらは自分の大切な「家族」を最優先にした働き方ではありませんでした。「家族を一番大切にしながら働きたい」という本心に気付けた時、一旦、研究職のキャリアは締めくくろうと決意し、会社を辞めることにしたのです。

そこからの専業主婦期間は2年。最初の3か月は、おいしいランチを食べに行ったり、ゆっくり散歩をしたりと楽しい日々を過ごしていました。しかし、それまではバリバリ仕事をしていた私です。ふと「やっぱり働きたいな」と思う日が増えていきました。

その後、娘が産まれ、育児に追われるうちにあっという間に1年半が過ぎました。

娘が一時保育に行くようになり時間に余裕ができると、「やっぱり働きたい！」という欲求を感じました。しかし、「また研究職？　乳児を残して残業できる？　非常勤講師から教育現場へ入る？」など、やりがいを感じる仕事がしたいという思いと、我が子と一緒に過ごしたい気持ちの狭間で悩み始めました。

そんなある日、ベビーカーを押しながら散歩をしていると、理科実験教室の看板が目にとまりました。子ども達にどんな理科実験をさせているのか興味が沸き、いくつかのホームページを覗いてみると、どこも理科実験の面白さが足りないと感じたのです。

研究職では、「この世にないものを生み出す」ことをしていたので、この世にないものを生産し評価する方法も考えなくてはなりません。研究は、人によってアプローチが違うことに面白さがあります。また、研究は失敗がほとんどで、稀に成功するからこそ、そのワクワク感が最高に楽しく、チームで喜びをわかち合う醍醐味も味わえるのです。

未知のものを生み出す、ゴールまでの道のりも自分で描く、そして、描いた道筋通りに実験を進めるという理科実験のワクワクを、子ども達に感じて欲しいと思いました。

「私なら、どこにもない理科実験のカリキュラムを提供できる！」と確信しました。

さらに、理科実験教室を起業するなら、働く時間も自分自身で決めることができ、仕事と家事育児の両立問題もクリアできると自信が持てました。

研究職の考え方と教育の余地。今までにないコラボレーションでの社会貢献は、両方を経験し、育児もしている私にしかできないことなのだと、ワクワクが止まりませんでした。

ひとり乗りの小さな船、出航

起業しようと決意したのが、2014年8月です。習い事は4月スタートが最も集客しやすいことから、年内に準備を整え、年明けから生徒募集をするプランを立てました。教室の開講にあたり最初にしたことは、家族の同意を得ることです。夫には「家事・育児は今まで通りやるので、家庭に支障はないよ」と言い快諾してもらいました。

その後、税理士さんを訪ね、開業の準備について相談し顧問契約。ビジネスの中身は自身で練り上げていきますが、補助金や創業にまつわる経費の処理、のちの経理などは個別にアドバイスがいただけるので、これはプロにお願いして良かったと思っています。税理士さんは、開業間もない方を探しました。とても丁寧な対応で、開業届を出すまで費用は無料にしてくださいました。

屋号は「理科実験教室キッチンラボ」。コンセプトは、理科実験を身近に感じてもらうことです。じつは、料理をはじめとした家事には理科の要素が詰まっています。キッチンを実験室にして、親御さんと理科を楽しんでほしいという思いから名付けました。

そして、2015年1月に開業届を出すことが決定。次は、ホームページとリーフレットの製作に取り掛かりました。ホームページは無料の雛形を採用し、年額2万円ほどの少額有料オプションを付け整えました。すべて自分で行ったので、オプション代以外の費用は無料です。リーフレットは、たまたま個展を開いていたイラストレーターの方の絵がとても可愛くその場でお願いしました。不思議なご縁でしたが、イメージ通りにでき上がり感動したのを覚えています。デザイン、印刷料込みで10万円ほどです。そして、固定費を抑えテナント契約に向けての資金を貯めるため、初年度は自宅リビングを教室にしました。

結局、開業にかかった費用は総額13万円です。開業には多くのお金が必要と思われがちですが、お金をかけなくても開業できます。私は、お金をかけるところと、かけなくてもいいところの優先順位を付け、段階を分けて整えていく方法で準備をしました。費用を抑えて開業する際は、優先順位を意識することが大切なポイントです。

年明け、刷り上がったリーフレットを近所の小児科に置いていただき、生徒さんが4人決まりました。火曜に2人、金曜に2人と、少人数に分けてのスタート予定となりました。

しかし、思いがけない出来事が起こります。あと10日ほどで開講というタイミングで、下の子の妊娠がわかったのです。「授かった命は素直に嬉しい。でも、生徒さんも決まり、ようやく船出ができそうな事業も諦めたくない」どちらも本音でした。以前の私なら、どちらか一方を優先させる選択しかできず、大切な「家族」のために仕事を諦める選択をしていたでしょう。しかし、仕事と子どもとの時間、両方を得るために私は起業したのです。結論は出ていました。両方を取りました。保護者の方には、出産時期の11月末から12月の1か月は休講させていただくこと、火曜と金曜のクラスをまとめ、週1回の開講とさせていただくことを了承していただきました。正直、「受講を辞めます」と言われても仕方ないと思っていたので、本当に感謝の気持ちで胸がいっぱいでした。臨月に入り、入院予定日の3日前までレッスンをし、一段落してから入院の準備。上の子をプレスクールに預け、そのまま電動自転車に荷物を積み、自分で産院まで行きました。

ここで言えることは、起業してから、自分自身のメンタルが鋼のように強くなったことでしょう。自分のやりたいことならば、目標に向かいただ黙々と行動することが大切です。この能力は起業だけでなく、「自分主体」で幸せに生きるための秘訣にもなると思います。

産後は無事に教室を再開し、春にはテナント契約も完了しました。生徒さんも少しずつ増え、最初の3年は家賃を払うだけだった売り上げも、子どもの託児代も払えるようになりました。私自身は無給でしたが、もともと起業して5年は自分の給料より、教室を大きくする方に使うと決めていたので、想定内でした。このような考えに至った理由は、家事・育児をワンオペでこなしながら事業をするとなると、仕事に100パーセントの労力を割くことはできないからです。限られた売り上げに自分の利益も取れば当然、事業拡大に使うお金はなくなってしまうことは、開業当初から計算していました。専業主婦の感覚でお金のやりくりをしていたので、生活費を支えてくれる夫がとてもありがたい存在でした。

開業から、緩やかでも成長できたのは「生活費を稼がなければ」という焦りを感じず、じっくりと基盤を作れたことにあると思います。教室のお金を貯めては、教室の備品や、カリキュラム製作に費やしていきました。

そんな折、起業3年目にフランチャイズ契約の申し出がありました。じつは、開業時にはすでにフランチャイズの構想があり、教室を運営しながら少しずつ準備をしていたのです。ちょうど弁護士さんにフランチャイズ契約書を作ってもらっており、「すごいタイミング！」という驚きとともにご縁に感謝しつつ、2校目が誕生しました。同時期に右腕とも呼べるスタッフが増え、4年目には、関東を中心に民間学童を運営している企業様から理科実験授業の出張講座の依頼をいただきました。現地採用で講師も増やし、関東と大阪の学童に5拠点で毎週レッスンを提供しています。5年目には、奈良の学園前校がオープンし、6年目の時に法人化。社員も4名になり、現在の体制になっています。

起業して7年。やっとここまで来たという感覚と、いよいよスタートラインに立ったという感覚が両方混在しているのが正直な思いです。子育てをしながらで大変なことも多いですが、会社を「第3子」だと思い、しっかりと手をかけて育てています。

女性研究者が活躍し、子ども達が学べる場を

フランチャイズ展開は手間と費用がかかります。まだ収益も上がっていない段階では、直営校や生徒数を増やしていく方が先決であることは、十分に理解していました。それなのに、なぜフランチャイズ展開にこだわったのかを、ここでお話ししたいと思います。

私はもともと会社を辞めるつもりはありませんでしたが、悩みに悩んだ末、研究職というキャリアに一旦区切りを付ける決断をしました。この悩みは、私だけが抱えるものではなく、研究職に就く女性にとって「あるある」なのです。

昨今の日本社会においては、男性の育児休暇制度など、女性が出産後もキャリアを諦めることなく仕事が続けられるような改革が行われつつあります。しかし、実際に夫婦で家事育児を完全に半々にできているご家庭は、まだまだ少ないのではないでしょうか。半分の家事育児を夫に任せるには、夫側の職場の理解も必要です。そして、社会全体が変わるには、長い年月を要するでしょう。そんな背景もあり、女性研究者は子どもができると仕事を辞めるパターンが多いと、以前から感じていました。社会に貢献できる知識やスキルを持つ女性研究者にもっと活躍して欲しい、そして、自営業という形で働き方を自身で作

り上げるお手伝いをしたいという思いから、起業準備と同時にフランチャイズの構想を練り上げたのです。昔から、「自宅で先生をしませんか」というキャッチフレーズで、英語教室や知育塾などの募集はありますが、理科実験教室はありません。理科教育に注目が集まりながらも、本当の第一線で研究をしていた先生に習える教室がない、研究者目線で試行錯誤を繰り返し成功するような、研究的なカリキュラムもない。これらをパッケージ化し黒字化できれば、フランチャイズ展開ができると考えたのです。最初の3年は、教室自体の黒字化を最優先としてタイミングを待ち、3年が経った頃に、フランチャイズへの先駆けに商標を取ることと、フランチャイズ契約書の作成を専門家に依頼しました。ところが、出だしから問題が発生します。創業当時の屋号「キッチンラボ」はすでに別の企業が取得していたのです。そこで、屋号を変えることになったのですが、サイエンス……、キッズ……、……ラボ。良さそうな屋号を考えても、すでに商標登録済みのものばかりでした。

そんなある日、家で夫と飲みながら屋号について相談していた時でした。

「ハマる理科……でハマリカは?」「ハマリカラボ!!」

「ハマリカラボ」が誕生した瞬間でした。しかも「濱野のハマにもかかってるやん!」と、興奮しながら乾杯したことを、今でも鮮明に覚えています。そこからロゴデザインをし、商標を取り書類も完成。いよいよ募集しようと思っていたところに帝塚山校の話が舞い込み、ハマリカラボ2校目が開校したのです。続いて学園前校もオープンし、成長途中ではありますが、スタッフ一丸となり、理科教育のために日々頑張っています。

フランチャイズ展開は女性支援の社会貢献でもあります。高い契約金やロイヤリティはなく、いただくのは必要経費のみ。女性が起業しやすい、柔軟で手厚いサポートが、ハマリカ流です。

２０２０年度からは児童院への無料出張理科実験もスタートしました。訳あって親と暮らせない子ども達は、習い事とは縁遠い生活を送っています。教育格差が将来の格差社会を助長すると言われているため、少しでも知的好奇心を刺激し、学びの大切さを感じてもらいたいという思いから活動を始めました。「面白いことを言っていたおばちゃんがいたな」「実験面白かったな。学校の授業で聞いてみようかな」と、少しでも彼らの心に学びの記憶が残ればと願って止みません。ハマリカラボは子どものための教室です。この活動は、教室の生徒さんからいただくお月謝の一部を使わせていただいています。同じ時代を生きる子ども達にも学びをお裾分けできる、Desk for two活動を続けていきたいと思います。

私にも2人の子どもがいます。母となった女性も支援したいし、社会的に見過ごされている子ども達の支援もしたい。同じ時代を共に生きる人を支援することで、自分も我が子も生きやすく、より良い社会になって欲しいと願っています。

読者の皆様へ

皆さんは、「どうしてこんなことしなきゃいけないの」「自分の仕事じゃないのに」などと思いながら取り組んでいることはありませんか？　私も会社員時代、そう思っていたことがあります。「研究職の私が特許の申請もやらなきゃいけないの？　面倒くさいなあ……」などと思って仕事をしていました。当時の上司は非常に優秀な方で、うまくいかない私に対し「そうなると思っていました」と、不満を抱く私の心を見透かすかのようにおっしゃることもあり、まるで孫悟空とお釈迦様のような関係でした。

そんな上司に少しでも勝ちたい一心で、一生懸命に取り組んできたおかげか、起業後は、予算の考え方や計画の立て方・進め方、商標やカリキュラム開発の特許など、経験がすべてにおいて役に立っています。今「無駄だ」と感じていることでも、自分が未熟で有用に見える視点や観点が備わっていないだけなのかもしれません。

すべての経験は財産です。山の全貌は登ってみないとわからないのと同じように、やり切った先にしか気付けないことがあります。まずは途中で投げ出さず、継続することを意識してみてください。

濱野　直子

そして、新しいことへ踏み出そうとしているが勇気が持てない方や、いつから始めようか機会を待ちながら時間だけが過ぎてしまっている方へ。

私はよく友人達に「ほんまに色々やってるよね。そのパワーはどこから来るの？」と言われることがあります。専業主婦になり、悠々自適に暮らすのも悪くなかったとは思います。しかし、人生は一度きりで、死んだら終わりです。この世に生を受け、文明社会を持つ人間に生まれ、女性が虐げられるでもなく、戦争もない平和で豊かな先進国日本に生まれた。ここまででどれだけの幸運でしょうか。

「活かせ命。明日死んだとしても、今日この日も楽しんだ。やりたいことをやって、あぁいい一生だったと思いながら人生の幕を閉じたい」というのが持論です。

だからこそ、あなたが本当にやりたいなら、勇気を持って行動しましょう。

「失敗すると恥ずかしい」もよく聞く言葉です。しかし、恥ずかしいことなど一つもありません。「ゼロと一歩の差」は雲泥の差であることを、行動した人は知っています。そして、失敗を経て、苦労しながら継続した先に新たな縁や道が開けるのです。

無駄なことはありません、すべてが糧になります。

この文章を読んでくださった皆様にどうか輝かしい未来が訪れますように。

あなたへの
メッセージ

「私ならこうするのにな」
その気持ちが
最初の大きな一歩です。
自分の気持ちのままに
着実に歩みましょう。

濱野 直子さんへの
お問合わせはコチラ

エアロビクスに出会い
輝き始めた人生!
諦めずに行動し続けた
ヨガスタジオ経営者が
見つけた成功法則

株式会社Purana 代表取締役
ヨガインストラクター/ヨガスタジオ経営

藤原 由佳里

1963年、三重県伊勢市生まれ。23歳の時にエアロビクスと出合い、スポーツクラブのインストラクターとして勤務する。結婚・出産を機にフリーランスとなり、ヨガ講師として地域で活動。37歳の時、地域の方に健康づくりを提供したいという思いから、個人スタジオを開業する。現在3店舗目となる「ヨガスタジオプラーナ」を経営。年齢を重ねても体を動かすことの大切さを伝えるべく「生涯現役」を目指し日々挑戦を続けている。

1日の
スケジュール

6:30 起床・フェイスコンディショニング

7:00 ランニング

9:00 スタジオ出社、または出張レッスン

12:00 ミーティング

13:30 午後のレッスン

20:00 夜のレッスン
空き時間にランニング

20:00 夜のレッスン

22:00 帰宅
お風呂・愛猫の世話

藤原 由佳里

エアロビクスとの出会いが私の人生を変えた

「この仕事は、神様から与えられた天職です」

こうして胸を張って言えるのは、エアロビクスに出会ったおかげです。それまでの人生は、決してキラキラしたものとは言えませんでした。

小学生の時の夢は、ソフトボールの選手。漫画「野球狂の詩」の主人公に真剣にあこがれ、弟とキャッチボールに明け暮れるほどソフトボールが大好きでした。高校卒業後も、実業団に入ってプレーをしたいという理由で会社を選び、就職しました。

しかし、入社から2ヶ月後、体調を崩したことをきっかけに退職。幼い頃からの夢はあっさりと消え去ってしまったのです。

それからは無気力状態が続き、何をしてもうまくいかない日々でした。イラストレーターの専門学校に入学しましたが、半年でリタイア。再就職した事務の仕事にもやりがいを感じることができず、何の目標もない自宅と会社の往復の生活は、私の心から光を奪ってしまったのです。

しかし、23歳の時に名古屋市で体験したエアロビクスが、私の人生を変えます。

華やかでキラキラとしたスポーツクラブ。疲れているはずの仕事帰りであっても、週に何度も通えるほど、エアロビクスにすっかりと魅了されたのです。そして、エアロビクスインストラクターになるために何の迷いもなく会社を辞め、養成コースに通い始めました。

これまで何をしても長続きしなかったこともあり、当然、家族からの反対もありました。しかし、エアロビクスをしている時の私は、まさに水を得た魚。「今度こそは」という思いで必死に勉強し、インストラクターの資格を取得。松阪市にあるホテルのスポーツクラブに就職し、晴れてインストラクターになることができました。半年後には新人の養成も任されるようになり、経験が浅い私に責任のある仕事をさせていただいたことは、現在の仕事にも活かされているほど貴重な経験となりました。

その後、27歳の時に結婚し、双子の男児を出産。産後はフリーランスとなりました。育児と仕事の両立は大変でしたが、家族の協力も得られ、充実した日々を送っていました。

フリーランスになってからは、子どもの成長に合わせて、レッスンスタイルも変化していきます。

この業界のパイオニア達も私と同世代だったこともあり、ママインストラクターも増え、「親子エアロビクス」のような、子どもと一緒に楽しめるプログラムが世に出始めました。

またこの頃は、「育児ノイローゼ」「育児放棄」「虐待」などが社会問題となっていた時期でもあります。悩めるママ達に向けて「私も何かできることはないか?」そう考え、地元の体育館を使用して「親子エアロビクスサークル」を立ち上げました。ここで作られた「親子プログラム」は、今も各地域の子育て支援センターで引き継がれ、20年以上の実績のあるものとなっています。

同時に、行政による住民の健康づくりのサポートも活発になり、市や町主催の健康教室や、スポーツ教室からの依頼も増え始めました。しかし、行政が主催する教室は実施期間が限られています。健康づくりは期間限定では効果が出ません。そこで、継続して活動していけるエアロビクスサークルを立ち上げました。この時期から活動の主軸をスポーツクラブから地域の健康づくりへとシフトしていったのです。

エアロビクスとの出会い、結婚・出産を経てフリーランスになったこと、そして健康ブーム。これらがうまく重なったことはラッキーと言えるかもしれません。しかし、時代の流れとチャンスを見逃さず行動に移したことで今の私があります。失敗を恐れずに、やりたいと思ったことを行動することで、かならずチャンスはやってくるのです。

多くの出会いに支えられたフリーランス時代

地域での活動にシフトしてからは、多くの出会いに恵まれました。一つの大きな出会いは、当時在住していた小俣町の自主エアロビクスサークル「STEP by STEP」で年1回開催していた「ファミリー健康フェスティバル」です。町内外の子どもから大人まで参加するイベントだったため、隣町である明和町体育館の館長の目に留まり、翌年から明和町でもイベントを開催していただけることになりました。

これをきっかけに、イベントや健康教室の提案、地域包括の健康教室、セミナー、介護予防健康体操など、さまざまな仕事に携わることができました。実力以上の結果を期待される経験は、ありがたい気持ちと同時にプレッシャーにもなります。しかし、どんな要望にも対応できるよう、プログラムの習得に努力を重ねました。

明和町での出会いは私に自信を与え、より地域に貢献したいという決意を確固たるものにしてくれたのです。

もう一つの出会いは、当時小学生だった息子達の担任の先生です。先生が隣町の学校に転勤されたあと、「体育の授業で、キッズエアロビクスの非常勤講師として来てほしい」

と依頼してくださったのです。学校単位での依頼は初めてでしたが、ありがたいことに授業の担当を6年間も継続させていただきました。ここから地元の小学生向け教室の依頼も増加。この経験は、のちのスタジオ開業に大きく影響するものとなりました。

フリーランスになってから、大人向けから子ども向けまで、さまざまな教室を開催してきました。活動をするなかで、「もっと自由にメンバーが集まる場所が欲しい」「自分のスタジオを持ちたい」という想いが芽生えはじめました。しかし当時は、子育て真っ最中の主婦でもあります。夢はしばらく胸に秘めていたのですが、私が発行しているサークル通信で、「40歳までにフルマラソンを完走すること。自分のスタジオを持つこと」と、つい書いてしまったのです。

おおやけな場で夢を書いてしまったからには、やるしかありません。

2000年大阪女子国際マラソンで完走し、まずは一つ夢を叶えました。このフルマラソン完走の達成感は想像以上のパワーを私に与えてくれました。これをきっかけに「有言実行」「夢は見るものではなく、叶えるもの」が座右の銘となり、二つ目の夢であるスタジオオープンも実現させることになったのです。

スタジオオープンにあたっては良い物件や人材に恵まれ、スムーズにオープンにこぎつけることができました。スタッフの一人、荒木もとみさんは、今でも良き相談相手として、現在のスタジオでも一緒に勤務していただいています。

小学校で非常勤講師をしていた玉城町にオープンした「スタジオアレース」にはその学校からもたくさんの子どもが入会してくださり、夢だったスタジオオープンは多くの人達に支えられました。

しかし、順風満帆に見えていたスタジオ運営ですが、ここで新たな試練が訪れます。この頃、仕事に力を注ぎ込みすぎてしまったこともあり、家庭に溝ができ離婚。親権をも失い、息子達と離れて暮らすことになってしまったのです。

母親としての役目を果たせなくなったことへの背徳感に押しつぶされ、毎日泣きながら過ごしました。

そして、スタジオも閉鎖。家庭もスタジオも失った私に残されたのは、絶望だけでした。

しかし、そんな時も支えてくれたのはエアロビクスでした。レッスンは地域の施設に移して継続していたので、クラスの子ども達の笑顔を見ることが、唯一の励みとなったのです。

そんななか、スタジオスタッフのもとみさんが「ヨガをしてみたらどう？」と声をかけてくれ、体験することになりました。ヨガの呼吸は、長くゆっくりと息を吐くことで、自律神経を安定させる効果があります。呼吸は人の生き様を表すほど大切なものなのです。

当時、さまざまなストレスを抱えていた私。「息苦しい」「息が詰まる」などの症状は、心身だけでなく生活そのものにも影響をもたらしていました。しかし、ヨガで呼吸を整え、体を伸ばし、うつむきがちだった姿勢が前を向きはじめると、心が少しずつ安定してくるのがわかりました。

ヨガの効果を体感したことで、その素晴らしさに目覚め、ヨガインストラクターの資格を取得しました。そして、ありがたいことに県営競技場スポーツ教室からの依頼が舞い込み、ヨガインストラクターとして新たなスタートを切ることができたのです。

そんなある日、たまたま入ったエステサロンで新たな出会いが訪れます。エステティシャンに何気なく「ヨガスタジオを開きたい」と話したところ、彼女のサロンがあるビルの一室を紹介してくれました。ビルは7階建て。見晴らしの良い最上階で、私達はヨガスタジオを共同経営することになりました。

玉城町のスタジオをオープンしてからは、苦しい時間がたくさんありました。しかし、信念を持ち一つのことを継続することで、助けてくれる人がかならずいました。

ゆっくりでもいいから、立ち止まらずに進み続けることが大切なのだと、改めて感じています。

マラソンが与えてくれた「根拠なき自信」

「趣味は?」と聞かれたら「マラソンです」と即答するほど、昔から走ることが大好きでした。今でも朝のランニングが日課になっています。マラソンは私にとって「継続する力」と「根拠なき自信」を与えてくれる大切な存在です。

三重県伊勢市勢田町にオープンした「ヨガスタジオ・プラーナ」は、私と妹、もとみさんの3人でレッスンを担当。ヨガブームの後押しもあり、会員数は順調に伸びていきました。忙しくも充実した日々でしたが、事業がどんどん拡大するなかで、個人事業主から会社設立という新たなステップに踏み切るか悩みはじめた時期でもあります。

ちょうどこの頃、東京マラソンに参加する機会がありました。久しぶりのフルマラソンでしたが無事に完走。この達成感は再び自信を与えてくれ、会社を背負う責任を持つ覚悟を決めることができたのです。

そして、2012年1月、個人事業主から共同経営も解消し「株式会社 Purana (プラーナ)」として法人化。「地域密着型、子どもから高齢者までに愛されるスタジオを目指します」という基本理念のもと、新たなスタートを切りました。

会員数が100名近くになると、スタジオも手狭に感じるようになったのですが、運よく市内に好条件の物件が見つかりました。ただ、移転・改装には、資金が必要です。初めて大きい融資を受けることになり足元が震えたのを覚えています。スタッフにも心配をかけました。それでも、覚悟を決めたからには行動するしかありません。3つ目のスタジオに移転後は「会員数200名」を目標に掲げ、インストラクターを養成し、レッスン数を倍増。「笑いヨガ」「美腸ヨガ」「瞑想ヨガ」など、さまざまなプログラムを作りました。

その後、スタッフの努力にも支えられ、会員数は目標の200名に到達しました。まさに有言実行です。それから増減はあるものの、170名前後の会員数は確保できるほどのスタジオに成長することができました。

ところが、ここまでの順調なスタジオ運営が一転、悪夢のような試練が訪れます。新型コロナウイルスの感染拡大による緊急事態宣言。その影響で、私のスタジオも休業要請対象になってしまったのです。鳴り止まない退会・休会の電話。会員数は4割減少してしまいました。今までやってきた自分の仕事をすべて否定されているようで自信も喪失し、涙が止まらず、夜も眠れない日々が続きました。

しかし、どんな状況になっても、スタジオに通ってくださる会員さん達がいました。「藤原さん、頑張ってスタジオを続けてください」と、多くの励ましに支えられながら、退会者に再入会を促すＤＭの発送、新聞の折り込み広告など、あらゆる方法を試みます。給付金も受けながら、ぎりぎりの状態で経営を続けていたのですが、２０２２年２月、会員数が１００名を割った時は、いよいよ限界を感じました。

そして同じ頃、愛猫「チィ助」が自宅から脱走し行方不明になってしまいました。20日間探し続けましたが、見つからず、私はさらに落ち込みます。

ですが、心の奥では諦めていない自分もいました。スタジオの復活を願い「２０２２年名古屋ウィメンズマラソン」にエントリーしていたからです。フルマラソン出場は８年ぶりでした。これまでもマラソンが自信を与えてくれたことは事実ですが、正直なところ、今回は完走できるのか不安な気持ちもありました。しかし、いざ走りだすと、思い浮かぶのは会員さんやスタッフの顔、愛猫の姿です。

「完走することで、プラーナを復活させることができる」「チィ助はかならず帰ってくる」何の根拠もありませんでしたが、そう信じて走りました。結果は、８年前の記録を30分も更新し、無事に完走。フルマラソンは、またしても私に自信を、そして奇跡をもたらしてくれました。なんと、愛猫がこの2日後に帰ってきたのです。戻ってきてくれた愛猫を抱きながら、諦めなければ奇跡は起こるのだと確信しました。これをきっかけに、再び自信を取り戻し、スタジオの復活に向けて、もう一度動き出すことを決めたのです。

フルマラソンの後、赤字の決算書を持ってスタジオをお借りしている大家さんのもとに伺いました。「明けない夜はない」「やまない雨はない」と、コロナ禍のなかでくじけそうな私を励まし続けてくれた、会計顧問の近藤先生の言葉を胸に。もし大家さんに見限られたらスタジオを閉める覚悟でした。

すると大家さんは、「プラーナは地域の皆さんに必要とされている会社だと思います。コロナが終息すればまた会員さんは戻ってくるでしょう。今通ってくださっている会員さんのためにもプラーナが回復されるまで協力します」と、家賃の支払いが遅れることを許してくださったのです。

自信をなくし、諦めそうになっても、信じてくれる人や守るべきものがあることで、人は強くなれます。そして奇跡は起こるのだと、この経験を通して感じました。

その後、規制が緩和されたとともに会員数も増え始め、遅れた分の家賃は無事に返済。コロナ禍での苦難のなかでも、多くの方に支えられながら「スタジオ・プラーナ」は少しずつ日常を取り戻すことができました。どん底まで落ちても、信念を持ち続けたことで、這い上がることができたのです。

神様から与えられた天職を、生涯全うしたい

20代でエアロビクスに出会い、ヨガをはじめとしたさまざまな健康づくりに携わってきました。特別な才能や実績があったわけではありませんが、レッスンを受けて喜んでくれる方がいることが原動力となりここまで続けてくることができました。そして、実力以上の力を引き出してくれたのは、その時に出会った方々です。「自分はたくさんの方に生かされているのだ」という気持ちを持ち続けていれば、強運もついてくるのだと感じています。

そして、自分に自信を持つことも大切です。根拠がなくてもいいのです。諦めずに自信を持って行動すれば、結果はついてきます。その証として2023年、コロナ禍で中断していたエアロビクスサークルの復活。そこで15年ぶりに玉城町体育館でレッスンを担当することになりました。まさに原点回帰です。また、同年6月には西日本最大級のヨガイベント「国際ヨガDAY関西」が、私の住む伊勢市で開催。実行委員やワークショップなどを担当させていただきました。国際ヨガDAYとは、2014年、モディ首相が国連にて提唱し採択され、毎年世界中で人々がヨガを楽しみ体、心、そして社会の健康を育む日です。

準備に明け暮れる毎日でしたが、当日は晴天に恵まれ、野外での1000人ヨガのセレ

モニーも無事成功。このイベントにより県内外のヨガ講師や関係者と繫がることができ、マンパワーの偉大さを実感しました。

このイベントで私が担当したワークショップ「笑いヨガ」は、笑いの体操とヨガの呼吸法を組み合わせたものです。笑いには免疫力アップ・脳の活性化など、さまざまな効果が期待できます。楽しいから笑うのではなく、笑うから楽しくなるのです。

そして、最後の私のオリジナルのかけ声は「すべてはうまくいっている」。まさに、私の人生のかけ声、座右の銘です。Everything is going well.

国際ヨガDAYをきっかけにコロナ禍で停止していた「笑いヨガ」の活動を復活させていこうと思います。

今、さまざまな年代の方とのかかわりを通して「健康寿命と平均寿命の差を埋める」という新たな目標を実現するため、プログラムの開発や情報収集をしています。これから10年、そしてその先の10年をどう生きるか。同年代の会員さんと共に「年齢を重ねることは悪くない」を体現できたら、とても素晴らしいことではないでしょうか。これからも地域に寄り添い、市民の健康づくりに携わり続けます。

ヨガとは「繫がり」「結びつき」といった意味もあります。これからも人との繫がりや絆を大切にし、「生涯現役インストラクター」として、この天職を全うする覚悟です。

あなたへの
メッセージ

エアロビクス体験を受講したことが
私の運命の始まり。
足がすくむこともあるけれど、
成功を掴むためには
真っ直ぐ前を見据えて
まずは一歩を踏み出そう。
根拠がなくてもいい。
自分を信じて。
苦しくても継続、
あきらめない。
周りの人へ感謝の気持ちを
忘れないで。

藤原 由佳里さんへの
お問合わせはコチラ

ダンサーを目指す元フリーター女子が不動産会社の経営者に！試練が訪れた時に大切にしている考え方

株式会社八王子ひなた不動産 代表取締役
不動産業

南 めぐみ

1986年生まれ、八王子市出身。ダンサーを目指しアルバイトを転々としたのち、27歳の時に不動産会社に入社。社内結婚をするも娘が2歳の時に離婚し地元の不動産会社に転職。その後、お金が大きく動く不動産業界で真正直でクリーンな仕事がしたいと独立を決意し「株式会社八王子ひなた不動産」を設立。売買不動産では珍しい、仲介手数料無料を実施し、設立１年で市内口コミランキング1位に。ネットニュースやテレビにも出演。

1日の
スケジュール

5:00　起床・ストレッチ・勉強

6:00　子供を起こす・夕飯作り・掃除
洗濯・子どもの習い事を見る

8:30　出社

20:00　帰宅・お風呂

20:30　夕飯

20:45　子どもの習い事を見る

21:00　翌日の準備

23:00　就寝

私を変えた桃ちゃん

今でこそ、こうして不動産会社を経営している私ですが、もともと目指していた職業はダンサーです。20代前半は夢を追いかけ、フリーターとしてアルバイトを転々とする日々を送っていました。

そんな生活も20代半ばを過ぎた頃、「年齢も年齢だし、そろそろ定職にでも就こうかな」そう思い、27歳の時に初めて、正社員として不動産会社の支店に入社。事務員（受付嬢）として働き始めました。

当時は、仕事よりもプライベートが最優先！　仕事はほどほどにこなして、給料は普通に生活できるくらい貰い、とにかく楽しければ良い。そんな考えで、のらりくらりと日々過ごしていました。そんな私を変えたのは、同じ支店で、私と同じく事務員をしていた「桃ちゃん」でした。

「不動産会社」というと、皆さんはどんなイメージを持たれますか？　不動産業務も賃貸や売買、物件管理など多岐に分かれますが、私の入社した会社は、そのなかでも大きなお金を動かすことの多い「売買の仲介業者」でした。

売買の不動産業務は大きく動くお金に比例して、競争も激しく、プレッシャーのかかる仕事の一つといえます。そのためか、社内の雰囲気はどちらかというと体育会系。男性社員の数が多く、怒鳴り声や机を蹴る音が聞こえてくるのは、日常茶飯事でした。

まるでひと昔前のような、男性色が色濃く残る不動産業界。激しい営業競争に勝ち、大きなお金を得る営業マンとは対照的に、歩合給でもない事務員は、会社が利益を出しても、自分の給与には1円も反映されません。与えられた仕事だけをしていれば十分でした。

そんな環境にもかかわらず、150センチと小柄な身長、年下でとても可愛らしい、同じ事務員である桃ちゃんが、会社の利益がどうしたら上がるかを考え、店長にも営業マンにも一歩も引かず、真正面から意見をする姿を見たのです。

「プライベートが最優先。仕事は二の次」という考えだった私は、彼女の仕事への姿勢に、衝撃を受けずにはいられませんでした。

彼女に出会ったことで、仕事への考え方が180度転換したのです。

それからの私は、不動産会社において最重要事項と言うべき「反響数（お客様からの問い合わせ数）」を増やすため、プライベートを返上し、休日も出勤するようになりました。

当時、営業スタッフ以外は残業が認められていなかったのですが、上司から特別に残業を許可してもらい、とにかく結果を残すことに注力しました。

その結果、当時約10店舗あった支店の中で、私が所属する八王子支店の反響数がトップに。そしてこのトップの座は在籍中、一度も他店に譲ることはありませんでした。

さらに、不動産の知識ゼロの状態から約2ヶ月で「宅地建物取引士」の資格を取得し、入社3ヶ月目で異例の昇給1万円。そして、1年後には本社の住宅ローン営業部に栄転となり、いわゆる「出世」と呼ばれるコースに乗っていったのです。

アルバイト仲間と会社の不平不満や時給の低さに、陰で文句を言い合うだけ。それは桃ちゃんと出会う、ほんの数か月前の私です。彼女と出会わなければ、今の自分はいなかったでしょう。

たった一人の女の子との出会いが、人生を変えたのです。何気ない出会い一つひとつのありがたみを、初めて体感しました。

自分が向き合う姿勢を変え行動すれば、物事にはかならず結果がついてきます。大小はあるかもしれませんが「報われない努力はない」と断言できます。

そして、この経験を通し、自分の給料を上げるのは、会社でなく自分自身であるということも学びました。会社の隅で、同僚と不満を言い合う姿よりも、自分の価値を認めさせるため、努力をする姿の方が、数百倍かっこいいと思いませんか？

乗り越えた先にあるもの

支店での功績が上司の目にとまり、入社1年後に本社の住宅ローン営業部に異動しました。住宅ローンといえば、多くの人の人生において、最も高価な買い物といえる住宅を購入するためのものです。銀行との取引も多くなるため、事務員時代と比べると責任の重い仕事になります。そんな重要なポジションを任されたことで、より一層仕事に対する意欲が湧いてきました。

しかし、意気揚々としていた私を待ち受けていたのは、決して華々しい活躍ではなく、精神的苦痛の日々だったのです。

なんと、住宅ローン営業部の社員は、私を含めたったの2人。なぜこんなに社員数が少ないのか。単純に、住宅ローン営業部に配属されると、ほとんどの社員が辞めてしまっていたからです。原因は、一人の先輩女性の存在でした。

この先輩女性は、プライベートでは優しく思いやりのある方なのですが、仕事となるととにかく厳しく、自分のやり方を押し通す、典型的な「マイクロマネジメント上司」でした。彼女には、後輩を「褒める・労う」といった考えはなく、些細なミスを一つでもしたものなら、長時間のお説教が始まります。

いつだったか、彼女のお説教が始まった際に、この人は一人でどのぐらい喋り続けるのだろう？　と時間を測ってみたことがありました。その時間、約20分。20分間、こちらは一言も口を挟まずに（挟んだら苦痛が増えるだけ！）延々とお説教を聞き続けるのです。

しかもこれが、ほとんど毎日。私はさすがに精神がまいってしまいました。

「会社に行きたくないな」。毎日の説教に耐える日々が続いたある日、通勤電車の中で、ボロボロと涙を流している自分がいました。涙の電車通勤はそれ以降、何日も続きました。

それでも、朝バッチリと決めたメイクを、ＪＲ町田駅のトイレで直し、赤くなった瞳に目薬をさして出社していました。駅のホームで電車を待っている間、「飛び込んじゃおうかな？」と思ったことも幾度となくあります。不眠とストレスによる歯ぎしりで、歯が欠けた時は心底落ち込みました。

こうしてじわじわとストレスを積み重ねた代償は、とても大きなものでした。本社への異動前に漲《みなぎ》っていた自信はすっかりとなくなり、いつしか姿勢も猫背に。完全に鬱状態になっていたのです。

心配した当時の夫が「辞めればいいじゃないか」と何度も言ってくれました。しかし私は、ボロボロの精神状態になっても「こんな辞め方は絶対に嫌だ」と思っていたのです。

理由は私を本社に推薦してくれた、元上司の存在です。彼の顔に泥を塗るようなことは絶対にしたくなかったのです。

「辞めるならかならず幸せな辞め方で辞めてやる」その一心で、苦しい環境でも踏ん張り続けました。

そんなある日、先輩女性が私の接客に同席することがありました。この時の私の接客は、お客様の質問にも的確に答え、不備一つない最高の出来となりました。「200点満点」といえるほどの接客ができたと実感したのです。「どうだ！　今日は文句ないでしょ」と、心の中で思っていたのですが、なんと彼女は、ここでも説教をし始めたのです。

愕然とした私は、会社へ戻る電車内で説教をされながら、人目もはばからず号泣してしまいました。

この一件がきっかけとなり、ある決意をしました。

「もう、この説教の日々にはうんざり。この状況を抜け出すには、彼女を圧倒的に仕事で超え、社内・お客様、すべての人から認められるしかない」と。

そう決意したあと、たまたま子どもと一緒に観たディズニー映画「ズートピア」の主人公・ジュディに心を動かされました。

うさぎの警察官・ジュディは、上司から駐車違反切符を「1日で100件切ってこい」

と無茶な命令をされます。そう言われたジュディは「200件切ってやる。それも12時までに」と呟くのです。それは、求められていなくても、仕事に対して真剣に真っ直ぐ取り組む桃ちゃんに似た姿勢でした。

それからは、「求められた仕事を、その通りやるのは当たり前。私は違う。相手から求められた仕事＋αでかならず返す。常に相手を感動させてやる」。そう意識し、仕事に取り組みました。

すると、社内評価が上がったのはもちろんですが、あるパーティーでメインの取引先銀行から、「全国一の代理店営業マン」と高い評価の言葉をいただいたのです。その場には、私に説教をし続けた先輩女性も立っていました。

その後、私に役職がついたことで、あの先輩女性がなんと、私に質問や助言を求めてくるようになりました。

そして私はもう二度と、彼女の説教を聞くことがなくなったのです！

辛いなかで、諦めずに踏ん張ったこの経験は、とても大きな自信となりました。この経験があったからこそ、新たなピンチが訪れたとしても「私なら大丈夫」「今回も乗り越えられる」と心から思えるようになったのです。

私は間違っていない！

本社時代に社内結婚をし、可愛い娘にも恵まれました。しかし、お互いに多忙な生活もあり離婚。これをきっかけに、前職でお世話になった方が経営する不動産会社の営業マンとして転職しました。

新しい職場は子育てとの両立もしやすく、仕事も順調。大きな不満もなく過ごすことができました。

そんな日々のなか、ふと将来について考えることがあったのですが、その時に私は、50歳になっても営業マンとして今の仕事を続けている自分の姿をイメージできなかったのです。独立を考えるようになったのは、この頃からです。

そうして、半年ほどの準備期間を経て、起業。「株式会社 八王子ひなた不動産」を設立しました。

会社を起業してからも、さまざまな「チャレンジ」が襲いかかりました。起業当初、一番のチャレンジは、やはり資金繰りです。当社は、不動産売買では珍しい「仲介手数料無料」を売りにしています。仲介手数料は本来、売主側・買主側の両方から貰うのが一般的です。しかし当社は、買主からは仲介手数料を貰わず、売主からだけ貰うスタイルをとっています。

3000万円のお家を購入する場合、通常は約100万円の仲介手数料が発生します。その高額な仲介手数料を無料にしているのは、決して価格競争に勝つためではありません。公正な取引と、お客様の利益を追求するためには、今の日本の仲介方法ではいけない。仲介手数料を無料にして、お金の流れをシンプルにしなければならないと考えた結果です。

買主側の仲介手数料を無料にすることで、当然、通常の不動産会社に比べて利益は半分となります。集客力の弱い開業当初は、この薄利営業のむずかしさに直面しました。

銀行から融資を受けた、開業3か月分の運転資金はすぐに底を尽き、貯蓄を切り崩したり、情けないことに母親に借金をしたりして、何とか経営を続けました。

社員も抱えるなか、頭では常にお金の不安でいっぱいでした。不安に押し潰されながら、早朝から深夜まで仕事をし、体もボロボロ。それでも娘の前では気丈に振る舞いました。そして娘が寝静まったあと、キッチンの床に座り込み、涙を流しながら頭を抱えました。真っ暗なキッチンにスマホの明かりだけが灯り、涙しながら無心に危ないアルバイトを検索し続ける姿は、まさにノイローゼ状態だったと思います。

それでも、「私は絶対に大丈夫。うまくいく」という思いは決して消えていませんでした。公正で、心から顧客に寄り添った取引をするための仲介手数料無料。この会社の方針は「善」でしかありません。であるならば、成功しないわけがない。そう信じていたのです。

会社が極限状態のなか、考え抜いて行ったことは、「他の会社の応援」でした。これは「自社が発展したければ、まずは他社を全力で応援する」という企業理念を追求するためです。魅力ある地元の企業を見つけては、取材をしてSNSで発信したり、YouTubeでの共演をオファーしたり、台本を作って撮影、編集をし、宣伝まで行いました。経営に悩む方には、どうやったら上手くいくかを一緒に考え、提案。SNSや自身の人脈を頼り、新たなご縁を繋げることに奔走しました。

本当は、1分1秒でも自分の会社のために時間を使いたかったです。自社が極限状態のなかにあって、それでもフルスマイルを保ち「絶対にうまくいくから、一緒に頑張りましょうよ！」と、前向きに他社を応援することは、とてつもない精神力が必要でした。自分が苦しい時に周囲に気を配り、時間を使うことのむずかしさを、身をもって経験しました。「自社が大変な時に、他社のために時間も心も使って、私っておかしいのかな？」そう思うこともありました。しかし、「私は間違っていない！」という湧き上がる心の声を、どうしても消すことができなかったのです。

そんな行動を続けてから約1年後、なんと、応援してきた人達が続々とお客様を紹介してくれるようになりました。そして、当社を応援し宣伝してくれるようになったのです。

苦しかった頃が嘘のように業績は右肩上がりになり、従業員も増え、会社はどんどん成長していきました。

ここでやっと、心の声を、実際の声に出して言える時がきました。

「私は間違っていない！」と。


困難なことが起こった時、多くの人はそこから逃げ出したくなると思います。もちろん、逃げることが悪いというわけではありません。しかし、苦しい時こそ思考を変え、「チャンス」と捉えるのも一つの解決方法です。苦しみが大きいほど、大きなチャンスが訪れたと言っても良いでしょう。

乗り越えた先の自分を想像してみてください。

この困難を乗り越えたあなたは、どんな表情をしていますか？　周囲の人間は、あなたに何と言葉を投げかけていますか？

さあ、ワクワクするくらい想像できたら、その困難はきっと、乗り越えられるはずです。

人との出会いと、想い

会社の不満を言うだけで、現状を変えることをせず仕事をしてきた過去。そんな私を変え、自分で道を切り開く楽しさを教えてくれたのは「桃ちゃん」でした。

毎朝泣きながら出勤し、ストレス性歯ぎしりで歯も欠け、心身ともにボロボロの状態で仕事をしていた過去。それでも踏ん張ることができたのは「この人の顔には泥を塗りたくない」と思えた元上司の存在でした。

相手から認められるためには「求められた仕事を、その通りやるのではなく、かならず＋αで返す」。このやり方を教えてくれたのは、ディズニー映画「ズートピア」の主人公・ジュディでした。

そして、苦しかった会社を助けてくれ、軌道に乗せてくれたのは、今まで応援してきた方々でした。

このようなさまざまな出会いがあったからこそ、貴重な学びや気づきを得ることができ、助けられ、成長し、今があります。

人との出会いとは、なんと素晴らしいものなのでしょうか。

私はこれからも、多くの人との出会いを大切にし、相手をありのまま受け入れ、自ら率先して愛を示すことを恐れず、しっかりと心を通わせていきたいと思っています。

経営をするうえで感じるのは、「人との繋がりが何よりの資産である」ということです。出会いの場は、自分が求めればどこにでも存在します。この本を読んでいるあなたも、新しいことにチャレンジしたいと思っているなら、ぜひさまざまな交流の場に足を運んでみてください。

そして、何かに取り組む時には、その根源を見つめることをおすすめします。自分を突き動かす根源が「善」であれば、たとえ困難なことが起きても乗り越えられます。「自分は間違っていない！」という心の声と、自分自身の奥底から溢れ出る自信が、支えてくれるはずです。

かかわる人と、自身の想いの強さによってこの先が創られていくと、私は知ることができました。

あなたへの
メッセージ

私が大切にしているのは、
心を寄せて人とかかわること。
自分が変わり、力を貰い、
助けを貰い、成長できます。
そして、自分の想いや行動に
信念を持つこと。
どんなピンチの時も前を向き
力強く歩むことができます。

南 めぐみさんへの
お問合わせはコチラ

10代で警備業界へ！知識なしで社会経験ゼロのまま勢いだけで未知の領域に挑んだ女性社長が大切にしている考え方

株式会社SCC 代表取締役
警備業

三吉 麻弥

1981年、京都市出身。株式会社 SCC 代表。もともとデザイナーを夢見ていたが、高校卒業後、10代で警備業の世界へ入る。約20年間、男性社会が根付く警備会社の女性経営者として、警備業のイメージを変えるべく従業員がモチベーションを高められるよう取り組みを行っている。また地域の活性化も目的とした「忍者警備」も話題に。女性が働きやすい職場づくりなど、社会貢献に力を入れながら日々経営を続けている。

1日の
スケジュール

5:00 起床

6:30 毎週水曜日のみ甲賀市倫理法人会の
モーニングセミナーに参加。
（経営者の方々の講話を聞
ける学びの場の一つとして
参加しています。全国各地
にあるのでおすすめです。
興味のある方はぜひ！）

7:00 洗濯・掃除

8:30 出社

9:00 業務開始

20:00 帰宅

20:30 夕食準備

21:30 お風呂

22:30 翌日のスケジュール確認等
（夜勤があるときは現場巡回）

23:30 就寝

どこかで毎日見かけるスーパーヒーロー？

突然ですが、質問です。

皆さんは、今の仕事は好きですか？　楽しんでやっていますか？

私が今の仕事に出会ったのは、高校を卒業した年のこと。この時は、まさか自分がこの世界に入り、起業し、今もこうして経営を続けているなんて思ってもみませんでした。

高校生の頃、将来の夢はデザイナーでした。色を自由に使いながら面白いもの、かわいいものなど、何かをデザインし、商品化することを夢見ていました。

しかし、今私がいるのは、デザインとはまったく異なる世界です。

私がいる世界――。それは、「警備業」です。

皆さんも駅やお店、会社や道路工事現場などで、1日1回は警備員さんの姿を見かけるのではないでしょうか？　私はお客様から警備のご依頼を受け、現場やイベント会場の安全を守るため、警備員さんを各現場に配置し、業務を行う会社「警備会社」を経営しています。

この世界に入った頃、初対面の方に「お仕事は何をされていますか？」と聞かれ、「はい、警備会社です」と答えると、必ずと言っていいほど言われる言葉がありました。

「え？　警備会社？　めっちゃ大変でしょ？　どうして警備業の仕事に就いているの？　女性で警備業の世界に入るなんて……」

警備業に対するイメージの悪さと「警備業＝男性社会」という偏見を目の当たりにしたのです。

たしかに警備業界は当時、どちらかというと男性社会が根付いている職場でした。現在は女性の警備員さんも多く見かけますが、当時は警備会社で働く女性は本当に少なく、職場環境も女性向けとは言えませんでした。そのような環境で、高校を卒業したばかりの若い女の子が働いていることに、周りの方も驚きを隠せなかったのかもしれません。

新しい環境に飛び込むことに、不安を感じてしまう方は多いと思います。ましてや、社会経験も知識も乏しい10代の女の子が男性社会に入りやっていくことは、特別なことと感じる方もいるでしょう。

しかし、縁があってこの世界に入ったのです。

「どうせやるなら、この世界を引退するまでに何かをして変えてやろう。いつかこの世界に、こんな変わったことをした奴がいたという伝説を残してやろう！」

当時の私は、社会を知らない子どもでした。怖さよりも、何でもできる、なんとかなると、ワクワクした気持ちでいっぱいでした。

現在も、昔と同じように気持ちは変わらず、ドキドキとワクワクでいっぱいのなか仕事をしています。

目の前に新しいチャレンジ事やチャンスが訪れた時、怖さや不安は絶対にありますが、それ以上にドキドキ・ワクワクした気持ちを持って前に進むことで、できなかったことができたり、会えなかった人に会えたりと、少しずつ前に進むことができます。すると、仕事も楽しくなっていくのです。


それから20年以上経った今も、この仕事が楽しいかと聞かれれば、

「はい。楽しいですよ」

と答えます。そして、こう言います。

「だって、まちのスーパーヒーロー達を抱えている会社ですから」と。

「え？　警備員がスーパーヒーロー？」

私の答えを聞いた方は、きっとそう思うでしょう。

お伝えしておきます。警備業はスーパーヒーローが集まる、素晴らしい世界なのです。

仕事のイメージとモチベーション

皆さんは警備業や警備員に対して、どんなイメージを持っていますか?

私が警備業の世界に入った時、次のようなイメージを持っている人が多くいました。
・警備員なんて、誰でもなれる
・警備員は高齢の人が多い
・見た目もなんとなく「いい感じ」ではない
・仕事としてずっと働くのはイヤ
・次の仕事見つけるまでの繋ぎのバイト
・制服もヨレヨレで汚らしい
など……本当に散々なものでした。

実際に経営に携わってみると、このようなイメージのなか働いている警備員さん達のモチベーションは、当然低いものでした。決して、「しっかりと仕事に向き合っている」とは言えず、使命感を持って仕事ができていなかったのです。

多くの方がイメージしている警備員さんそのものになっていました。

しかし、普段私達が見かける警備員さんを思い浮かべてみてください。たとえば、現金輸送をする警備員さん。現金を運ぶ際、どこで誰に狙われているかわかりません。襲われる確率は高いのに、警察官のように拳銃を持てるわけでもありません。

施設内の警備員さんだってそうです。いつ不審者に襲われるかわかりません。

工事現場の警備員さんはどうでしょう。赤旗・白旗、時には赤色灯を持ち、身一つで数十キロのスピードで迫ってくる車を止め、事故がないようにと、まちの安全と安心を守っているのです。

警備員さんは、人の身体・生命・財産などを守る仕事をしています。社会にとって重要な役割を担っている職業なのです。だから、街中どこでも見かけるでしょう？　今の世の中、とても必要な存在なのです。そう考えると、警備員はすごい職業だと思いませんか？

私は自分の会社で働く警備員さん達に対し、彼らはすごい！　と常に感じています。

だからこそ私は、警備員さんを「スーパーヒーロー」と呼ぶのです。

しかし、この世界の悲しい現状を知り、なんとか警備のイメージを変えるためにできることをしなければ、今何かをしなければ変わらないと思い、行動することにしました。

まずは彼らに、「君達はまちのスーパーヒーローなんだよ。すごい人達なんだから、胸を張って仕事してきてね」と伝え、モチベーションを上げるよう意識付けをしました。

次に、警備員のイメージを変えるために、制服を変えることにしました。最近は、さまざまなカラーの警備服も増えましたが、当時はまだまだ、カラフルな制服を着た警備員さんは少なかったのです。

そこで、あえて黄色の制服を作りました。理由は、いい意味でも悪い意味でも目立つからです。ピシッと立ち誘導している警備員さんはイメージがいいですよね。しかし、ダラダラとしていたら悪いイメージとして目立ちます。警備員さんに「自分達は見られている」という意識を持ってもらうために、あえて黄色の制服にしたのです。当然、黄色の制服を初めて見た警備員さんは戸惑っていましたし、「黄色の制服＝当社」という認識が地域に広まると、多くのお声をいただくようになりました。もちろんネガティブなお声もあったのですが、それが業務改善にも繋がりました。そのお陰もあり、これまで低いモチベーションで現場に立っていた警備員さんの意識も、少しずつ変わっていったのです。

警備業の世界に入り私が最初にしたことは、警備員さんへの声がけと、制服を変えたこと、ただそれだけです。しかし、それが意識改革とモチベーションの変化をみせました。

小さなことでも、自分が今できること試してみることで、少しずつ変化が起こることもあるのです。やってみなければわからない。やるからこそ変化するのだと、身をもって体験したことでした。

従業員の意識と社会貢献

私は「忍者のまち」として有名な滋賀県甲賀市で会社を経営しています。

従業員の意識も少しずつ変わりつつあるなか、地元への社会貢献についても考えていたことから、地域資源を活かした警備業務ができないかと考えていました。

そこで、制服の効果を体感していた私は、次に地域の特色を活かした警備服を作ろうと考えました。

それは甲賀市の社会資源である忍者をイメージした警備服です。制服やベルトは地域資源を活かしたカラーに決定。警備服は法律により規定が設けられています。しかし、それに反しなければ、制服を作って届け出をし、警備を行うことができるのです。忍者警備の制服には、反射素材を使用するなど規定に沿い、安全面にも気を付け製作しました。

また、せっかく忍者の格好をして警備するのだからと「忍者警備」と名付け、当社だけが「忍者警備」として業務ができるように「忍者警備」を商標登録しました。

忍者警備は現在も、地域のイベントや店舗のオープン時の警備、他府県での警備など、さまざまな場所で活躍しています。

当初、でき上がった忍者警備用の制服を見て、「え！　社長、これ、着るんですか？　恥ずかしい！」と言っていた警備員さんが大半でした。

ですが、コスプレ感覚で着てもらい実際に警備にあたってもらうと、地域の方から写真を撮られたり、声をかけられたりするようになったのです。以前にも増して注目され、地域の方ともコミュニケーションをとるようになったことで、警備員さん自身も「きちんと誘導しよう、対応しよう」という意識がより高まっていきました。

忍者服を着るようになってからの警備員さんは、とても生き生きとしていました。仕事に対しての姿勢が変わり、積極性も見られるようになってきたのです。

また、忍者警備をするようになってから、「あの制服が着たい」と言って興味を持ってくださる方が増えました。これまで警備業にまったく興味がなかった若手の人達が興味を持ってくださったことは、大きな喜びでした。

そして、もう一つの社会貢献として、当社が毎年行っていることがあります。

それは地域の小中学校への、生理用ナプキンの寄付です。

「貧困生理」という言葉をご存知でしょうか？　経済的な理由などから生理用品を購入できない子ども達がいる現状を、コロナ禍の時に知りました。私達は、地域の皆様のお陰で仕事をさせていただいています。「地域への恩返しを」という思いで、毎年、市に生理用品を寄付させていただくことにしたのです。

寄付を決めた時、当社の警備員さん達にも「皆さんが働いてくれて出た利益で、子ども達のために生理用品を市に寄付します」と伝えました。

すると、意外にも警備員さん達がとても喜んでくれたのです。

「自分達も地域に貢献できているのなら、こんなに嬉しいことはない。是非、寄付してください」と言ってくれました。

さらに、この取り組みに対して地元の市長から感謝状をいただきました。

「自分達にも社会貢献ができる」ということを実感した警備員さん達は、これをきっかけに、他にもできることはないかと自ら考え、動くようになったのです。

私がこの世界に入った頃、仕事に対して誇りを持てていなかった警備員さん達ですが、この時にはもう、昔の彼らではなくなっていました。

どんな職業も、社会にとって必要なものであることを認識し、その仕事に楽しさややりがいを見出すことは、仕事へのモチベーションを上げるだけでなく、自己肯定感も上げることに繋がるのだと学びました。

私は、そんな彼らを誇らしく思い、とても感謝しています

「女性だから」という殻を破るのは自分自身

警備の世界も年々変化し、女性も活躍するようになってきました。各社それぞれの特色を活かし、働きやすい環境づくりをされています。

警備業という世界が少しずつ変わってきている。それはとても素晴らしいことです。私も今できることを、できる範囲でしています。もちろん順風満帆ではありません。

「忍者警備」など新しいことをすると、必ずそれをよく思わない人もいます。

そうした声を耳にすると、決していい気持ちはしません。

しかし、考え方を変えれば、そのような声は私達が意識されているということです。

また、うちの会社以上に素晴らしい職場づくりをされている会社はたくさんあり、私自身も参考になることがいくつもあります。こうしてお互いに切磋琢磨することで、警備業界が盛り上がっていけたら、素晴らしいことではないでしょうか。

当時10代だった私は、社会を知らず、ただ勢いだけで、知らない土地で警備業に携わりました。あの頃の私にあったのは、スキルでも知識でも、才能でもありません。「女性だからできないなんてことはない」「きっとなんとかなる」という思いだけです。

これからもこの精神で、警備業をもっと素晴らしい世界に変えられたらと思っています。自分が今できることを少しずつやってみると、次はできないことがやって来ます。しかし、最初はできなくても、最終的にできるようになるものです。行動を続けることで視野が広がり、またこうしたい・ああしたいという意欲へと繋がります。

少しずつ手を伸ばしていくと、できることがどんどん増えていくのです。

私が今、皆さんにお伝えしたいことは、

・枠に収めずにどんどんやりたいと思ったことはやる

・どんどん人に相談する

ということです。

「女性だからできない」とか「自分は女性だから、そんなことをしたらダメだろうな」と、自ら殻を作らないことです。

私は「男性社会」のイメージがある警備業に長年携わってきましたが、「女性だから」という殻を作らなかったことで、こうして経営を続けることができたと思っています。

女性は誰でもパワーを秘めています。時間管理も上手で、いくつもの家事を同時にこなしたり、仕事と育児を両立したりと、あらゆるタスクを効率よくこなすセンスを持っています。このようなセンスは、もしかしたら男性よりも長けているかもしれません。

だからこそ、女性の社会進出は必要だとされているのではないでしょうか。

また、頑張っていると、自ずと応援してくれる人が現れます。相談することで色々と知恵を授けてくださったり、共に行動してくれたりする人が集まります。


女性の皆さん、「私にはできない」という殻、破ってみませんか?

できることから始めればいいのです。

そして、何より仕事は楽しむものです。「楽しくない」「辛い」と思うだけでなく、何気ないところから、小さな楽しみを見つけてみてください。

ほんの少しの行動で、皆さんの世界はキラキラ輝くはずです。

自分が今できる一歩を、ぜひ踏み出して下さい。きっとなんとかなります。

皆さんならできる! だって、私ができているのですから。

必要な時に必要な人やものが集まり、事が動き出します。

人生って本当に面白いです。

一緒に人生を楽しみましょう!

三吉 麻弥

あなたへの
メッセージ

変わりたいと思ったら、
小さなことから変えてみよう。
小さなことを変えれば、
それはいつか大きな変化となる。
そして、「私ならできる」と信じること。
それがすべての始まりとなる。

三吉 麻弥さんへの
お問合わせはコチラ

国際ビジネスのプロフェッショナルが食と栄養の世界で新たな挑戦！目標設定が苦手でも夢を実現させる秘訣

ソフィアウッズ・インスティテュート 代表
公認統合食養ヘルスコーチ（CINHC）
公認国際ヘルスコーチ（CIHC）

森 智世

米国コロラド大学卒業。野村證券ドイツ法人を経て米国ノートルダム大学経営大学院で経営学修士（MBA）取得。野村證券とプライスウォーターハウスクーパースのディレクターとして企業買収等に携わり政府系協議会委員等も務めたが、家族の健康問題から退職。世界最大の米国ヘルスコーチ養成校で公認ヘルスコーチ資格、女子栄養大学で食生活指導士取得。現在、働く女性のウェルビーイングに向けてヘルスコーチングと資格講座を提供中。

1日の
スケジュール

6:30 ベッドの中で
イメージングしてから起床

7:00 朝食

8:00 始業

10:00 講座レクチャー／ヘルスコーチング

12:00 昼食

13:00 ヘルスコーチング／業務

15:00 休憩／散歩

16:30 業務

18:00 夕食・風呂

18:30 家族時間

20:00 講座レクチャー
ヘルスコーチング

22:00 ヨガ／ストレッチ／ありがとう日記

23:00 就寝

食に無関心だった私がヘルスコーチに

ヘルスコーチとして起業した理由を強いて言うのなら、「見えない力に後押しされたから」です。起業だなんて、まったく念頭にありませんでした。

起業する前は、證券会社の金融経済研究所や投資銀行部門の研究員、また、世界で「ビッグ4」と呼ばれる外資系経営コンサルティング会社の企業財務・企業買収部門のディレクターとして働いていました。海外との取引も多かったため、昼夜を問わず仕事三昧の日々。夜中の3時にカルボナーラを食べるような生活を送っていました。毎日の食事はただ空腹を満たすだけの存在でした。「料理なんて時間の無駄」としか思っていなかったのです。

そんな時、家族が病気になり、サポートが必要な状態になりました。家族のためにできることは何だろうかと考え、思いついたのが食事管理でした。しかし、これまで「ザ・不健康」な食生活を送っていたため、食についての知識がまったくありませんでした。また、家庭の事情を理由に休職できるような職場環境でもなく、長年やりがいを持って続けていた仕事ですが、退く決意をしたのです。

食事管理を学ぶにあたっては、研究員という職業柄、ちまたに溢れる「体に良い」という情報を鵜呑みにもできず、科学的な裏づけがないと納得できませんでしたから、女子栄養大学が提供する「食生活指導士」という通信の資格取得講座を受講し、正しい食物科学の知識を身につけることにしました。

新たな目標ができたことで前を向くことはできたものの、ただ、以前の仕事も好きだったので、なんとなく満たされない気持ちがあったのも事実です。

そんな折、かつての上司から届いた年賀状で「Happiness Advantage（幸福優位論）」という、ハーバード大学とペンシルベニア大学発祥の「ポジティブ心理学」を牽引していたショーン・エイカー先生の著書を知りました。そして、そこに書かれていた「幸せになる4つの方法」を試してみることにしたのです。すると、一週間も経たないうちに、やさぐれていた心が落ち着き、前向きな気持ちになったのを覚えています。

「ポジティブ心理学」の効果に感動した私は、その効果をFacebookに投稿すると、MBA時代の米国人クラスメイトが、食物栄養学とポジティブ心理学を融合させた「統合食養学」という新しい栄養学を学べる学校があると教えてくれました。彼女が信頼できる友人だったこともありますが、未知の物事は慎重に調べる性格の私が、この時は不思議と、直感のままに申し込みをしたのです。

家族の病気をきっかけに、食に興味を持ち、上司からの年賀状でポジティブ心理学を知り、友人を通して「統合食養学」に出合い学校に入学。次から次へと訪れる不思議なタイミングに、見えない力が働いていると感じずにはいられませんでした。

友人に教えられた学校は、ニューヨークにある「インスティテュート・フォア・インテグラティブ・ニュートリッション（Institute for Integrative Nutrition）」（ＩＩＮ）という、世界最大の統合食養学のヘルスコーチ養成学校でした。完全オンライン授業のため、世界各地から受講生が参加しています。著名な卒業生には、日本でも人気の世界的に有名なモデルさんや、オリンピック金メダリスト、英国王室のご親戚などもいらっしゃいます。また、講師陣も世界的にも著名な一流の専門家ばかりです。

ＩＩＮで出される課題の多くは提出義務がありません。しかし、並行して受講していた女子栄養大学の課題も併せて、ＩＩＮの課題もすべてこなしました。コース後半には、起業に関する講義があり、ビジネス名称の決定から開業届、ロゴのデザイン、商標登録、ホームページ制作などを学びました。ＩＩＮは米国の学校なので、授業でカバーする内容は米国の法律や規則についてです。そのため、日本で起業する際に必要となる手続き等を、自分で調べながら課題を実践し、気がついたら開業に必要な準備が整っていました。

そんなある日、課題で作っただけのホームページから、ヘルスコーチングプログラムへのお申し込みがありました。まだ卒業前の仮免許の状態だったため学校に相談すると、料金を通常の半額にすることで、お客様の同意が得られるのなら、練習のために受け入れても良いと承諾をいただきました。

　ここから、私のヘルスコーチとしての活動が始まったのです。


　冒頭でお伝えした通り、私は、もともとヘルスコーチになりたいと思っていたわけではありません。おかれた状況の下で最善の方法を探すなか、目の前に差し出された一つひとつを受け取り、行動していったら、いつの間にかヘルスコーチとして起業していたのです。

　統合食養学を学んで知ったことは、ポジティブな意図をもって行動する時、私たちを取り巻くエネルギーは自然とプラスの方向へ流れ始めるということです。「こうあるべき」といくら頭で考えても、それがエネルギーの流れに沿っていなければ、物事はスムーズに進みません。

　そう考え、あらためて振り返ってみれば、家族の病気からの一連の出来事は、目に見えない力、ポジティブなエネルギーの流れに後押しされた結果に思えるのです。

統合食養学のヘルスコーチのお仕事

「ヘルスコーチ」という言葉は日本でも少しずつ認知されつつありますが、何をする人なのかよく知られていないのが実情でしょう。ヘルスコーチは、スポーツのコーチと似ていますが、コーチングする内容がスポーツではなく健康（ヘルス）なのです。

たとえば、スポーツのコーチは、選手と一緒にピッチやフィールド、コートのなかで競技をすることはありません。競技をするのはあくまでも選手です。競技中に選手自らが考えゲームを構築していけるよう、コーチは準備と対策を提供します。ヘルスコーチも同じです。クライアントさん達が日々の生活のなかで、自ら考え食事とライフスタイルを構築していけるよう準備と対策を提供します。

世界保健機構（WHO）は、健康を「精神的、身体的、社会的に完全にウェルビーイングな状態」と定義しています。ウェルビーイングとは、「心と体の幸せな状態」を意味します。

「身体的な健康」のためにスポーツジムのインストラクターは運動を指導し、管理栄養士は食事についてアドバイスをします。しかし、彼等が「精神的」「社会的」な健康について指導することはありません。また、彼等は「何が正しい方法かを教える人」「先生」ですが、「コーチ」ではありません。「コーチ」は、模範解答を与えるのではなく、あなたにとっての正解をあなたが自ら見つけることができるよう導く訓練を受けた者です。

統合食養学のヘルスコーチは、もちろん、コーチング・トレーニングを受けています。そして、人間関係や仕事など、心の状態に影響を与える「精神的」「社会的」なウェルビーイングもすべてコーチングの対象とします。統合食養学は、WHOの健康の3要素すべてにコーチング手法を取り入れた、世界で唯一の新しい栄養学なのです。

そのため、統合食養学は、脳科学やポジティブ心理学をはじめ、食物科学から生理学、時間栄養学、行動科学まで、さまざまな科学的なエビデンスに裏づけられた事柄と、東洋医学や欧州代替医療など伝統的に効果が認められている事柄を統合し、ヘルスコーチングを提供できるよう構築されています。

私のヘルスコーチとしての仕事は、主に次の2つです。一つは、クライアントさんのウェルビーイングの実現をサポートする「プライベート・ヘルスコーチング・プログラム」の提供。もう一つは、統合食養学のアプローチを教える「マインド・ボディ・メディシン講座」の提供です。

「プライベート・ヘルスコーチング・プログラム」は、その名の通り、ヘルスコーチングをお一人おひとりに対して提供するプログラムです。その内容は、クライアントさんの希望に沿って、冷えや便秘などの不定愁訴や健康診断結果の改善から、がんの再発予防まで多岐に渡ります。統合食養学には、「バイオ個性」という「地球上にあなたと同じ人はいない」という考え方があります。そのため、同じ症状や病気でも、一人ひとりプログラムの内容が異なります。食で心と体を繋ぐという基本は同じですが、各人の改善目標とバイオ個性に沿って一つひとつプログラムは作られます。また、クライアントさんの多くは、30～50代の女性ですが、男性や20代の方まで、さまざまな方がプログラムを受けています。

クライアントさん達からは、次のような感想を多くいただいています。

「内側から変わると、こんなに生活が変化するのだと実感しています」

「長年の想いを応援してもらい、無理だと思っていたことが今はできている」

「乳がんの告知を受けてからのスタートでしたが、心が乱れることなく治療を終えることができたのは、ヘルスコーチングのおかげです」

次に、「マインド・ボディ・メディシン講座」についてお話すると、この講座には、複数のコースがあります。「セルフドクターコース」では、受講生が自分の主治医（セルフドクター）になれるよう、多くの人が不安や疑問に感じている主な12のテーマに沿って統合食養学の基本的なアプローチを教えています。セルフドクターコースは、次の「ヘルスコーチ養成コース」の基礎コースとしての位置づけもあり、セルフドクターコース修了後、希望者は「ヘルスコーチ養成コース」へ進むことができます。「ヘルスコーチ養成コース」では、統合食養学のヘルスコーチとして必要となる幅広い知識とスキルを教えています。認定されるためには、コーチングスキルの実践課題の提出と、コース最後の認定試験の合格が必須です。

また、認定ヘルスコーチのスキルアップのための「エキスパート講座」や、誰でも受講できる単発の特別講座もあります。企業の健康経営／ウェルビーイング経営の一助として、ご依頼に応じたセミナーも提供しています。

マインド・ボディ・メディシン講座を受講する方の多くは、20代後半～50代の女性です。食に関心の高い働き世代や子育て世代の方だけでなく、管理栄養士や看護師、薬剤師、ヨガやスポーツのインストラクターなど、健康に携わる方も多く受講されています。

受講生の多くが、心の栄養を含む統合食養学のアプローチに共感し、コースが進むにつれ、今まで点と点でしかなかった情報が線で繋がり、具体性をもって日常生活に取り入れることができています。

（詳しい受講後の感想はホームページでご覧いただけます）

起業して再認識した私の弱みと最近の悩み

「見えない力」に後押しされて始めたヘルスコーチングですが、ビジネスとして続けていくうえで、どうしても避けられない弱みに直面しました。

どんなに素晴らしいサービスでも、存在を知ってもらわなければ意味がありません。そこで必要となるのが、営業とマーケティングです。私は研究員でしたから、調査・分析・仮説検証などの作業は得意です。クライアントさんのバイオ個性の分析やそれに沿ったプログラムの構築、講座のための情報収集とレクチャーの構築などは、まったく苦ではありません。しかし、営業に必要な不特定多数の人に自分をアピールする社交的なふる舞いが苦手で、大きな心の障壁となったのです。

そんな時、「それぞれのバイオ個性に合ったマーケティング手法を活用すれば良い」とする統合食養学の学びを思い出しました。外向的な活動が苦手なコーチ向けにＩＩＮが勧めていたのは「ブログ記事を書くこと」でした。研究員や経営コンサル時代には報告書を作成することが多かったため、文章を書くことは苦ではありません。そのため、ヘルスコーチとして調査したことなどをブログ記事にまとめることにしたのです。

ブログでの情報発信のおかげで、交流会に出かけなくても、さまざまなご縁にも恵まれました。グローバル企業に福利厚生プログラムを提供している外資系人事コンサルティング会社との契約、大手新聞社系オンラインマガジンでのコラム執筆、雑誌のインタビューや対談など、これらのお仕事はすべてブログからの依頼です。営業が苦手でも、自分のサービスを知ってもらうことは可能なのだと学びました。

とはいえ、今後もっと広く統合食養学を一般に認知していただくためには、自分の殻を破る必要があるな、とも考えています。

最近の悩みは、現在の日本におけるヘルスコーチの認知度や、おかれている状況・立場が米国と大きく異なっていることです。

米国ではヘルスコーチの重要性が広く認知されています。特にＩＩＮの統合食養ヘルスコーチは、米国連邦議会で承認され、全米での活動が承認されている、管理栄養士とは異なる、国から公認された資格なのです。食事や生活改善に関する医師の指示内容を、患者に合わせた具体的な方法にして提案し、プログラムを通して寄り添い、確実に実行できるように導く役割をヘルスコーチが担っています。しかし、残念ながら、日本の現状はまだそこに至っていません。

にもかかわらず、日本ではここ数年間で「ヘルスコーチ」と自称する人達が増えています。ヘルスコーチとしての実績もない者を担ぎ出し、3週間でヘルスコーチになれると宣伝をし、何百万円も請求している団体まで現れ始めたのです。

そうした根拠に乏しい「自称」「即席」ヘルスコーチによって、確かな裏づけをもつ統合食養学の公認ヘルスコーチの活動まで誤解されてしまうのではないかと、懸念を抱いています。本物のヘルスコーチがまだ認知途上であるのに、偽物が台頭することで、ヘルスコーチという職業が卑しめられ、本当にサービスを必要としている多くの人のウェルビーイングが損なわれてしまうのではないかと感じるようになりました。

統合食養学のヘルスコーチに対する世間の認知度の向上、統合食養学のアプローチの伝播よる、多くの人達のウェルビーイングの向上が今後の目標です。そのためには、まず、「私」というヘルスコーチの存在と「ソフィアウッズ・インスティテュート」の活動について、もっともっと広く知っていただかなくてはなりません。

そう考えると、やはり私の弱点である、営業とマーケティングへのテコ入れが不可欠であるという結論になってしまうわけです。

やりたいことはすぐ、小さく始める

ヘルスコーチになった経緯や仕事内容、弱点や悩みについて書いてきましたが、私は昔から目標を立てて計画的に物事を進めていくのが嫌いです。学校や会社でも「目標」を立てるよう求められることの多い世の中ですが、そのたびに息苦しさを感じていました。半年先・1年先の目標に急かされて、辻褄を合わせるように毎日を過ごすことを想像しただけで、息ができなくなります。

「今」抱いた興味や大切だと思うことに真剣に、その時の最善のペースで取り組むことに心地良さを感じるのです。努力したその結果まで、初めから固定して、それに縛られるのが嫌なのです。もちろん、若い頃から大きな目標に向かって何十年も計画的に努力できる人は素晴らしいと思います。ただ、すべての人にその方法が最適だとは思わないのです。

プライベート・ヘルスコーチング・プログラムの初日には、半年後の目標を立てていただくのですが、「目標」というよりも「なりたいイメージ」を描き、そこに向かって毎日やれることは何かを考えていただくという方法をとっています。

もしあなたが私のようなタイプ、または、大きな目標はあるけれども真正面から取り組むことに不安があるのなら、小さなことでいいので、その夢に関する何かを始めてみてください。いきなり大きなことを始める必要はありません。気になる本を眺める・インターネットで検索してみる。そんな小さな行動で良いのです。ポイントは「すぐに行動すること」です。そうすることで、行動しているという意識が心を安定させ、やる気を塩漬けにしなくて済みます。

少しずつ行動していくなかで、本当にやりたいことなら次第に心が決まっていくはずです。もしかしたら、「やりたいことは、別のことだった」と気がつくかもしれません。小さく始めることで、軌道修正が簡単になるだけでなく、費用も時間も最小限で済みます。

プライベート・ヘルスコーチング・プログラムのなかでも、クライアントさんの心や体の変化に合わせ、その時々の仕事や生活の状況に合わせ、柔軟に軌道修正していきます。

そして、まったく別のことを始めたとしても、それまでに費やした努力と時間は無駄にはなりません。私は、企業財務の専門家として大学院まで行き、長年働いてきましたが、ジャンルが異なるヘルスコーチに転身した今も、当時の経験がとても役に立っています。「人生に無駄なことなどない」と実感しています。遠回りした分ネタに尽きない人生です。

だから、何らかの夢や興味があるのなら、とりあえずやってみること。足がすくまない程度の、でも、多少の覚悟は必要な、小さなことから始める。その一歩が重要なのです。

あなたへの
メッセージ

エネルギーの流れに押されて
わくわくした直感で始めた行動が
運命を変える一歩になりました。
お腹の上に手をのせて、
心に質問をする。
やる？　やらない？
答えはあなたの体が教えてくれるはず。
頭で考えるより体の反応を信じて。

森 智世さんへの
お問合わせはコチラ

与えられた人生を、あなたらしいものに　―おわりに―

人生において何らかの決断をする時、かならずと言っていいほど迷いが生じます。

「失敗したらどうしよう」

「うまくいかなかったら、恥ずかしい」

その決断が大きなものであればあるほど、心にかかるブレーキも大きなものとなります。

では、小さな決断であればどうでしょうか。

少しだけ、勇気が持てる気がしませんか。

本書をお読みいただくなかで、20人の起業家それぞれの表情もご覧になれたかと思います。もしかしたら、キラキラとした彼女達を見て「自分とは程遠い存在だな」と感じてしまった方もいるかもしれません。

しかし、彼女達のあの姿は、小さな一歩からつくられたものです。どんな境遇にあっても諦めず、解決策を考え、できることから少しずつ挑戦してきたことで、今、こうして輝いているのです。

彼女達も、あなたと同じ。それぞれに与えられた人生を歩んでいるだけです。その人生をどう生きるかは、自分自身で決めることができます。

もし、あなたも現状に悩みや迷いがあるなら、少しだけ勇気を出してみませんか。

本を閉じたあと、ぜひ「今、自分ができる小さな一歩は何だろう」と考えてみてください。そう考えるだけで、少しずつ運命は動き出します。


あなたなら、きっと運命を変えることができるはずです。


最後に、20人の起業家に感謝を綴ります。

出版を決意したこと、そして、辛い経験や苦悩を振り返りながらの執筆は、大変な勇気を要したことと思います。皆様の勇気は、きっと多くの方の励みとなるでしょう。

これからも皆様らしい素敵な人生を歩んでください。

そしてまたいつか、ここでお会いできたら嬉しく思います。

Rashisa（ラシサ）出版編集部

「運命」は小さな一歩で変えられる

2024年3月19日　初版第1刷発行

著者：Rashisa出版（編）
青戸 明美／赤間 ひとみ／浅野 秀代／新川 紗世／荒木 周子／五十嵐 愛／梅原 真理子／澳津 美菜／河出 美香／木内 清佳／佐藤 侑希／五反田 とも子／佃 麻由美／西之坊 恵美子／のだ 美智子／濱野 直子／藤原 由佳里／南 めぐみ／三吉 麻弥／森 智世

発行者　Greenman
編集・ライター　伊藤雪乃／加藤道子
ブックデザイン　二ノ宮匡

発行所：Rashisa出版（Team Power Creators株式会社内）
〒558-0013 大阪府大阪市住吉区我孫子東2-10-9-4F
TEL：03-5464-3516

発　売：株式会社メディアパル（共同出版者・流通責任者）
〒162-8710 東京都新宿区東五軒町6-24
TEL：03-5261-1171

印刷・製本所：株式会社堀内印刷所

ISBNコード：978-4-8021-3458-3
Cコード:C0034